RENATE BERGMANN

Ihr könnt doch noch nicht satt sein!

Renate Bergmann,

geb. Strelemann, 82, lebt in Berlin-Spandau. Sie war Trümmerfrau, Reichsbahnerin und hat vier Ehemänner überlebt. Renate Bergmann ist Haushalts-Profi und Online-Omi. Ihre riesige Fangemeinde freut sich täglich über ihre Tweets und Lebensweisheiten im »Interweb« – und über jedes neue Buch.

Torsten Rohde,

Jahrgang 1974, hat in Brandenburg/Havel Betriebswirtschaft studiert und als Controller gearbeitet. Sein Twitter-Account @RenateBergmann entwickelte sich zum Internet-Phänomen. Es folgten mehrere Bestseller unter dem Pseudonym Renate Bergmann und neuerdings auch unter Günter Habicht.

RENATE BERGMANN

Ihr könnt doch noch nicht satt sein!

DIE ONLINE-OMI
TISCHT AUF

LIST

Inhalt

Schnell und fein 10

Backfisch 13

Hähnchenpfanne 14

Bauernfrühstück 17

Brotsalat mit Tomaten 18

Eier in Senfsoße 21

Pfannkuchen 22

Spinat mit Spiegelei 25

Toast Hawaii 26

Aus Oma Strelemanns Suppentopf 28

Suppenstock 31

Deftige Erbsensuppe 32

Soljanka 35

Eintopf aus grünen Bohnen 36

Linsensuppe 39

Kürbissuppe 40

Käse-Hackfleisch-Lauch-Suppe 43

Hühnersuppe 44

Grießklößchen 47

Mohrrübeneintopf 48

Süße Hauptgerichte 50

Dampfnudeln 53

Vanillesoße 54

Grießbrei 57

Marmelade kochen mit Rezepten für Erdbeer-, Birnen-Chili- und Himbeer-Rhabarber-Marmelade 58

Milchreis 60

Kirschsuppe 63

Kaiserschmarrn 64

Das gibt es am Sonntag 66

Königsberger Klopse 69

Gänsebraten 70

Gefüllte Paprikaschoten 73

Zitronenhähnchen 74

Falscher Hase 77

Schnitzel mit Petersilienkartoffeln 78

Gulasch 81

Forelle »Müllerin« 82

Kohlrouladen 85

Hühnerfrikassee 86

Kasslerbraten 89

Ohne Beilagen geht es nicht 90

Rotkohl 93

Serviettenknödel 94

Grünkohl 97

Rahmwirsing 98

Bratkartoffeln 101

Frische Nudeln 102

Glasierte Mohrrüben 105

Kartoffelauflauf 106

Pfifferlinge 109

Ratatouille 110

Wenn Kirsten kommt 112

Bunte Gemüsepfanne 115

Gemüseauflauf 116

Kartoffelpuffer 119

Fermentieren mit Rezepten für Sauerkraut 120

und Kimchi 121

Focaccia 122

Stockbrot 125

Ofengemüse 126

Man muss die Feste feiern, wie sie fallen 128

Kartoffelsalat 131

Nudelsalat mit Rauke 132

Gurkensalat 135

Weißkohlsalat 136

Flammkuchen 139

Eierlikör 140

Erdbeerbowle 143

Für Süßes haben wir einen Extra-Magen 144
Crème brûlée 147
Rumtopf 148
Rote Grütze 151
Zitronenspeise 152
Tiramisu 155
Grüne Grütze 156
Bratäpfel 159

Aber bitte mit Sahne 160
Waffeln 163
Tortenboden 164
Marmorkuchen 167
Schwarzwälder Kirschtorte 168
Käsekuchen 171
Sachertorte 172
Rhabarberkuchen mit Baiser 175
Osterzopf 176
Christstollen 179

Register 180

»Wo es sonntags um zehn nicht … da wohnt keine gute Hausfrau.«

Hier schreibt Renate Bergmann, guten Tag.

Wie oft habe ich das erlebt, dass die Leute mich nach einem Rezept gefragt haben, weil es ihnen bei mir geschmeckt hat. Da stand ich dann da, wissen Se, denn für viele meiner Gerichte hatte ich nichts aufgeschrieben! Eine Hausfrau hat doch so was im Gefühl. Ich gehöre nämlich zu der Generation, die noch kochen gelernt hat und nicht nur Büchsen aufkurbelt.

Aber nun habe ich Ihnen meine Lieblingsrezepte zu Papier gebracht.

Man kocht ja aus den verschiedensten Gründen: Manchmal muss es schnell gehen (aber auch dann darf es schmecken), manchmal kocht man, was im Kühlschrank oder in der Speisekammer steht, und wenn Gäste kommen, fährt man gern groß auf. Einige Gerichte koche und backe ich auch, weil sie mich so an liebe Menschen erinnern. Mein erster Mann Otto zum Beispiel schwärmte für mein Gulasch, und an Stefans Geburtstag gibt es immer Rhabarberkuchen mit Baiser drauf, den mochte der Junge als kleines Kind schon, und den kriegt er bis heute. Und es gibt auch Gerichte, die macht man, weil Reste wegmüssen – meinen Brotsalat zum Beispiel.

nach Braten riecht,

Wie Sterneküche geht, das sollen Ihnen die Fernsehköche erzählen. Bei Renate Bergmann gibt es Hausfrauenküche nach Omas Rezepten. Bei mir kommt noch ein Stich Butter an das Gemüse, sonst schmeckt es nicht. Der Körper könnte die Fittamine ohne Butter auch gar nicht richtig verarbeiten, da sind wir uns ja wohl einig, und wie viel »ein Stich« ist, das entscheidet das Gefühl. Das kann ein Fingerbreit sein oder die Hälfte vom Stückchen, das noch in der Butterdose ist. So was kann man doch nicht abwiegen! »Kochen ist Liebe«, hat Oma Strelemann immer gesagt, und bei der Liebe kann man auch nichts messen und wiegen, sondern nur fühlen. Oder nehmen Se »eine Prise«. Eine Prise ist das, was man mit Daumen, Zeigefinger und Mittelfinger greifen kann. Bei einer zart gebauten Person sind das ein paar Krümel, wenn ein Mann zugreift, kann das auch ein halber Teelöffel sein. Also, man muss beim Kochen ein bisschen »mitfühlen« und abschmecken. Dann gelingt es auch!

Ich wünsche Ihnen viel Freude beim Kochen, Backen und vor allem beim Genießen!

Ihre

Renate Bergmann

Schnell und fein

Manchmal muss es fix gehen. Wenn man große Wäsche hat oder einen Arzttermin am Vormittag, na, da wird man sich nicht hinstellen und zwei Stunden lang Gemüse putzen und vielleicht noch aufwendig ein Drei-Gänge-Mittagbrot kochen. Ich bin keine Freundin von Tütensuppen oder fertigem Zeug aus der Büchse, aber es gibt eine Reihe von »halb fertigen« Hilfen, mit denen man prima kochen kann. Tomaten aus der Dose zum Beispiel, oder tiefgefrorener Spinat. Auch vorgekochte Linsen und Erbsen erleichtern die Arbeit und selbstverständlich auch Nudeln – die mache ich sehr gern selbst, aber die fertigen aus der Tüte sind keine Schande! Ach, es gibt so viele Gerichte, die schnell gemacht sind und prima schmecken!

zum Beispiel:

Eier in Senfsoße
⇨ S. 21

Bauernfrühstück
⇨ S. 17

Toast Hawaii ⇨ S. 26

Los geht's!

Freitags mache ich mir meist Fisch, obwohl der Herr Pfarrer schon vor Jahren meinte, ich müsste nicht mehr. Aber wissen Se, das ist jetzt so drin. Und Fisch ist ja gesund!

Backfisch

- Die Fischfilets salzen, säuern und pfeffern.
- Das Bier mit dem Zitronensaft, dem Ei und dem Mehl zu einem dünnflüssigen Teig verrühren und etwa 15 Minuten quellen lassen.
- Das Öl auf etwa 180 Grad erhitzen, die Fischfilets in den Teig tauchen und ca. 5 – 6 Minuten ausbacken.

Für 2 Personen

400 Gramm Seelachsfilet
1 Zitrone
Salz, Pfeffer
½ Liter Raps- oder Sonnenblumenöl
1 Ei
150 Milliliter Bier
100 Gramm Mehl

Tipp: Dazu schmecken Bratkartoffeln oder Kartoffelsalat.

Das ist ein ganz feines, leichtes Gericht, bei dem Sie auch mit dem Gemüse ein bisschen variieren können, wenn der Spargel gerade sehr teuer ist oder es keine Kirschtomaten gibt.

Hähnchenpfanne

Für 4 Personen

300 Gramm Hähnchenbrust
250 Gramm grüner Spargel
2 Möhren
100 Gramm Brokkoliröschen
10 Kirschtomaten
2 Esslöffel Olivenöl
2 Esslöffel Balsamicoessig
1 Esslöffel Honig
50 Milliliter Brühe, zum Beispiel aus → Suppenstock
½ Bund Gartenkräuter
Salz, Pfeffer

- Das Hähnchenfleisch in feine Streifen schneiden, salzen und pfeffern. In einer Pfanne mit heißem Olivenöl kräftig anbraten. Mit dem Balsamicoessig und dem Honig ablöschen.
- Die holzigen Enden vom Spargel abschneiden, die Stangen in etwa 5 cm lange Stücke portionieren.
- Die Möhren schälen und längs vierteln, ebenfalls auf ungefähr 5 cm zurechtschneiden.
- Dann die Möhren und den Spargel in etwas Olivenöl anbraten, den Brokkoli hinzugeben und mit der Brühe ablöschen und köcheln lassen, bis die Flüssigkeit verkocht ist.
- Die halbierten Kirschtomaten, das Fleisch und die fein geschnittenen Kräuter hinzugeben, alles vermengen und mit Salz und Pfeffer abschmecken.

Tipp: Wer Abwasch sparen will, nimmt die Pfanne vom Fleischanbraten gleich noch mal für das Gemüse. Schließlich wollen wir nicht stundenlang in der Küche stehen, nicht wahr?

Die ⇨ Bratkartoffeln von Seite 101 sind eine hervorragende Beilage zu Fisch und Fleisch. Mit ein paar Eiern zaubern Sie jedoch im Handumdrehen ein Bauernfrühstück daraus und haben eine vollwertige Mahlzeit:

Für 2 Personen oder 1 Handwerker

Bratkartoffeln (gemäß Rezept)
4 Eier
Salz, Pfeffer
Petersilie

Bauernfrühstück

- Die Eier in einer Schüssel mit etwas Salz und Pfeffer verrühren und in eine heiße Pfanne gießen.
- Wenn sie am Boden fest, oben aber noch flüssig sind, die Bratkartoffeln hinzugeben und mit Deckel fertig garen, bis die Eier am Boden goldgelb sind.
- Umgekippt oder zu einer Tasche gefaltet servieren.

Tipp: Wenn Sie einen guten Elektriker oder Maler an der Hand haben – halten Se sich den bloß warm! Die können sich die Arbeit aussuchen und sind oft über Wochen im Voraus ausgebucht. Bei mir kriegen solche Leute immer ein handfestes Frühstück.

*Ich kann kein Brot wegschmeißen.
Es tut mir weh, wenn ich sehe,
was manche Leute alles in die Tonne werfen,
nur weil es nicht mehr ganz frisch ist.*

Brotsalat mit Tomaten

Für 1 Person

2 Scheiben altbackenes Schwarzbrot
100 Gramm Kirschtomaten
1 kleine Zwiebel
½ Bund glatte Petersilie
2 Esslöffel Olivenöl
2 Esslöffel Balsamicoessig
Salz, Pfeffer

- Das Brot würfeln und mit dem Olivenöl in einer Pfanne anrösten. Abkühlen lassen.
- Derweil die Tomaten halbieren, mit der fein geschnittenen Zwiebel und dem Essig vermengen.
- Das Brot hinzugeben, mit Salz, Pfeffer und klein geschnittener Petersilie vermischen.

Tipp: Der Brotsalat kann als Beilage zu Gegrilltem gegessen werden oder für sich als leichte Mahlzeit.

Stefan hat als kleiner Junge immer geprahlt, dass er vier Eier schafft. Aber mehr als ein Ei pro Kind müssen Se wirklich nicht rechnen!

Eier in Senfsoße

- Die Eier nach Geschmack hart oder weich kochen.
- Aus der Butter und dem Mehl in einem kleinen Topf bei mittlerer Hitze eine Butterschwitze herstellen. Mit Gemüsebrühe und Sahne ablöschen und aufkochen.
- Senf hinzugeben und mit etwas Zucker abschmecken. Sollte die Soße zu dickflüssig sein, mit etwas Brühe verdünnen.
- Die Eier in die Senfsoße geben und mit Salz- oder Stampfkartoffeln servieren.

Für 2 Personen

4 Eier
2 Esslöffel Butter
2 Esslöffel Mehl
300 Milliliter Gemüsebrühe, z. B. aus → Suppenstock
100 Milliliter Schlagsahne
3 Esslöffel Senf
½ Teelöffel Zucker
1 Esslöffel gehackte Petersilie

Tipp: Ich koche die Eier für dieses Gericht immer neun Minuten lang, dann sind sie fest und machen pappsatt.

Neulich hab ich im Geschäft tatsächlich fertigen Pfannkuchenteig in der Flasche gesehen. Stellen Se sich das mal vor! Reine Geldschneiderei und nichts als Chemie. Das machen Se ab jetzt ruck, zuck selber.

Pfannkuchen

- Die Zutaten zu einem Teig verrühren.
- In einer Pfanne etwas Öl oder Butter erhitzen, eine Kelle Teig vorsichtig einfüllen und schwenken, sodass der gesamte Pfannenboden bedeckt ist.
- Backen lassen, bis sich der Pfannkuchen vom Boden löst, dann wenden.
- Etwa ein bis zwei Minuten auf der anderen Seite backen und warm servieren.

Für 4 Personen

2 Eier
200 Milliliter Milch
1 Teelöffel Zucker
1 Prise Salz
200 Gramm Mehl
50 Milliliter sprudelndes Mineralwasser
Öl oder Butter

Tipp: Pfannkuchen schmecken prima mit Puderzucker, mit Schokoladencreme bestrichen, mit einem Klecks Marmelade, mit frischen, eingezuckerten Erdbeeren … ach, da sind die Möglichkeiten endlos! Probieren Se aber auch mal herzhafte Pfannkuchen, indem Sie eine fein gewürfelte Zwiebel und ein bisschen durchwachsenen Speck anbraten und den Teig darübergießen. Oder auch Paprika und Oliven.

Was haben wir als Kinder lange Zähne gemacht, wenn Spinat auf den Tisch kam! Jetzt esse ich das Gemüse richtig gerne. Man muss auch nicht so viel kauen.

Spinat mit Spiegelei

- Den gewaschenen Spinat in kochendes Salzwasser geben und fünf Minuten blanchieren. Kalt abspülen, abtropfen lassen und fein hacken.
- Butter erhitzen, den zerkleinerten Spinat darin andünsten. Mehl einrühren, Sahne und Milch hinzugeben. Mit Salz, Pfeffer und frisch geriebener Muskatnuss abschmecken.
- Die Eier in einer Pfanne zu Spiegeleiern braten. Das Dotter mit etwas scharfem Paprikapulver bestreuen und die Eier mit dem Spinat zu Salz- oder Bratkartoffeln anrichten.

Für 2 Personen

500 Gramm Blattspinat
1 Esslöffel Butter
1 Esslöffel Mehl
100 Milliliter Sahne
100 Milliliter Milch
Salz, Pfeffer
Muskatnuss
4 Eier
scharfes Paprikapulver

Tipp: Statt den Spinat zu hacken, können Se auch den Zauberstab zu Hilfe nehmen. Aber Obacht! Hantieren Se vorsichtig mit dem Gerät, sonst müssen Se die Küche neu streichen.

Ja, eine Renate Bergmann kann nicht nur alte-Oma-Küche, nein, auch exotisch und modern! Da staunen Se, was?

Toast Hawaii

- Das Toastbrot rösten, mit Kochschinken, Ananas und Schmelzkäse belegen.
- Auf einem Backblech im Backofen kurz übergrillen, bis der Käse geschmolzen ist.
- Mit den Cocktailkirschen oder der Marmelade garniert servieren.

Für eine Person

2 Scheiben Vollkorntoast
2 Scheiben Kochschinken
2 Scheiben Ananas, frisch oder aus der Dose
2 Scheiben Schmelzkäse
2 Cocktailkirschen oder
2 Kleckse Preiselbeermarmelade

Tipp: Das schmeckt auch prima mit Pfirsich und sogar mit frischen Erdbeeren! Man darf da gern verwerten, was an Obst da ist.

Aus Oma Strelemanns Suppentopf

Meine Oma Strelemann war eine Köchin, ach … wenn die was auf den Tisch brachte, da leckten sich alle die Finger! Sie war eine weise Frau mit großem Herzen und hatte immer ihren großen Topf auf der Kochmaschine, in dem eine Suppe simmerte. Früher hatten wir in der Küche einen Ofen, der eine gusseiserne Kochfläche und ein Bratrohr hatte. Er wurde mit Holz und Kohle befeuert, und am Rand der Kochfläche war es gerade so heiß, dass die Suppe im Topf warm blieb, aber nicht mehr kochte. Eintopf wird ja immer besser, je länger er zieht. Wenn man zu Oma Strelemann kam, um ein Problem zu besprechen, stellte sie wortlos einen Teller vom guten Service auf den Tisch, wischte einen großen Silberlöffel an ihrer Schürze blank und füllte auf. Erst wurde gegessen, dann wurde geredet. Meist war das Problem dann gar nicht mehr so groß. Eine gute Suppe wärmt nämlich die Seele.

zum Beispiel:

Deftige Erbsensuppe
⇨ S. 32

Hühnersuppe
⇨ S. 44

Linsensuppe mit Kassler
⇨ S. 39

Ich gebe ein Löffelchen davon an alles, das ein bisschen Pfiff gebrauchen kann und das »irgendwie nach nichts« schmeckt. Wissen Se, bei den fertigen Brühwürfeln weiß man doch nicht, was drin ist!

Suppenstock

Zutaten

700 Gramm Suppengemüse und Kräuter
100 Gramm Salz

- Das Gemüse kann zum Beispiel sein: Mohrrüben, Staudensellerie, Porree, Zwiebel und Petersilienwurzel. Gern kann man auch eine Paprikaschote dazunehmen.
- Alles waschen, sehr fein reiben und genau wiegen. Das Salz muss exakt im Verhältnis 1:7 hinzugegeben werden.
- Alles gut vermengen und fein geschnittene Küchenkräuter nach Wahl hinzufügen.

Tipp: Der Suppenstock hält sich gut verschlossen im Kühlschrank mehrere Monate und wird wie gekörnte Brühe als Würze oder Suppenbasis verwendet.

Am liebsten esse ich Erbseneintopf mit einer Bockwurst beim Volksfest aus der Gulaschkanone, aber dieses Rezept kommt dem nahe, glauben Se mir. So kochen die auch bei der Bundeswehr.

Deftige Erbsensuppe

Für 4 Personen

500 Gramm Schälerbsen
100 Gramm Knollensellerie
100 Gramm Mohrrüben
1 Stange Porree
2 Zwiebeln
300 Gramm mehlig kochende Kartoffeln
150 Gramm Bauchspeck
1 Esslöffel Schweineschmalz
½ Bund Petersilie
4 Esslöffel Suppenstock (oder gekörnte Gemüsebrühe)
1 Esslöffel Majoran
2 Liter Wasser
Salz, Pfeffer

- Schweineschmalz in einem großen Topf erhitzen.
- Gewürfelten Bauchspeck dazugeben und auslassen. Gehackte Zwiebeln darin glasig dünsten, dann die gewürfelten Karotten, Sellerie und den klein geschnittenen Lauch dazugeben. Unter Rühren alles andünsten.
- Mit einem Liter Wasser aufgießen, alles verrühren. Dann die Erbsen und das restliche Wasser hinzufügen. Alles zum Kochen bringen.
- Den Suppenstock und Majoran dazugeben, bei niedriger Stufe etwa 20 Minuten köcheln lassen. Anschließend die geschälten und gewürfelten Kartoffeln dazugeben und alles etwa eine halbe Stunde köcheln lassen. Regelmäßig umrühren, die Gefahr des Anbrennens ist groß!
- Mit Pfeffer und Salz abschmecken und die gehackte Petersilie unterrühren.
- Dazu Bockwurst oder Wiener Würstchen servieren.

Tipp: Erbseneintopf schmeckt am besten aus dem ganz großen Topf. Und je öfter man ihn aufwärmt, desto besser wird er.

Ich höre Sie schon schimpfen, dass das keine originale Soljanka ist – aber ich mache sie halt so! Da hat sowieso jede Hausfrau ihr eigenes Rezept.

Soljanka

Für 8 Personen

2 Kilogramm Gulaschfleisch (halb Rind, halb Schwein)
1 Kilogramm Zwiebeln
1 Glas Gewürzgurken
2 Liter kräftige Brühe, z. B. aus → Suppenstock
1 Flasche Ketchup
100 Gramm Tomatenmark
500 Gramm bunte Paprika
1 Teelöffel Pimentkörner
4 Lorbeerblätter
Salz, Pfeffer

- Das Fleisch in mehreren kleinen Portionen kräftig anbraten, bis die Gulaschwürfel rundherum Farbe angenommen haben. Zwiebeln schälen, grob würfeln und in einer Pfanne anschwitzen. Die in Streifen geschnittene Paprika, die gewürfelten Gurken und das Tomatenmark hinzugeben und kurz andünsten.
- Das Gemüse mit dem Fleisch in einen großen Topf geben, den Ketchup unterrühren. Die Brühe hinzugeben und alles aufkochen.
- Die Pimentkörner im Mörser grob zerkleinern, damit sie Geschmack abgeben, und zusammen mit den Lorbeerblättern in einem Teefilter zur Suppe geben. Auf kleiner Stufe etwa 1,5 Stunden köcheln lassen, bis das Fleisch weich ist. Mit Salz und Pfeffer abschmecken.
- Die Soljanka wird mit einer Zitronenscheibe auf dem Teller und einer Scheibe Schwarzbrot serviert.

Tipp: Man kann das Gulaschfleisch auch ganz oder teilweise durch Bratenreste, Wiener Würstchen oder Jagdwurst ersetzen. Und beim Gemüse darf man gern noch zwei Tomaten oder ein halbes Glas Pusztagemüse mit reintun, wenn das wegmuss.

Ich habe extra ein Rezept ohne Fleisch für Sie aufgeschrieben. Eintopf schmeckt nämlich auch so sehr gut! Wer nicht darauf verzichten möchte, kann zur Suppe dicke Scheiben von angebratenem Schinkenspeck reichen.

Eintopf aus grünen Bohnen

Für 4 Personen

1 Kilogramm grüne Bohnen
500 Gramm mehlig kochende Kartoffeln
1 Zwiebel
½ Bund Bohnenkraut
Salz, Pfeffer
Essig
Zucker

- Die Zwiebel würfeln, in etwas Öl anbraten. Die geschnippelten grünen Bohnen hinzugeben, kurz anschwitzen und mit Wasser aufgießen, bis die Bohnen bedeckt sind.
- Das Bohnenkraut hinzugeben und etwa 30 Minuten bei kleiner Hitze köcheln lassen.
- Die Kartoffeln schälen, würfeln und in einem zweiten Topf etwa 15 Minuten garen. Mit dem Kochwasser zu den Bohnen geben, mit Salz und Pfeffer abschmecken sowie nach Geschmack mit Essig und Zucker würzen.

Tipp: Zu diesem Eintopf passen übrigens auch → Pfannkuchen (S. 22) ganz prima.

Jahrelang hat Gunter Gertruds Linsensuppe gegessen, ohne zu sagen, dass er sie am liebsten süßsauer mag. Also die Suppe, nicht Gertrud. Jetzt bekommt er immer Zucker und Essig dazu auf den Tisch gestellt und ist glücklich.

Linsensuppe

Für 4 Personen

200 Gramm getrocknete Linsen
1 Zwiebel
¾ Liter Wasser
150 Gramm Suppengemüse
150 Gramm Kartoffeln
400 Gramm Kassler
300 Milliliter Gemüsebrühe, z. B. aus → Suppenstock
Salz, Pfeffer

- Die Linsen über Nacht in kaltem Wasser einweichen.
- Die Zwiebel schälen, das Gemüse putzen, die Kartoffeln schälen und alles fein würfeln.
- Auch das Kassler in Würfel schneiden. In einem Topf etwas Öl erhitzen, das Gemüse andünsten. Kassler zugeben und kurz anbraten.
- Die Linsen mit dem Einweichwasser zugeben und Gemüsebrühe angießen. Aufkochen und anschließend bei kleiner Flamme etwa eine Stunde köcheln lassen.
- Mit Pfeffer und Salz abschmecken.

Tipp: Wissen Se, wenn es mal schnell gehen soll, kaufe ich »Linsen mit Suppengrün« fertig in der Büchse, brate ein bisschen durchwachsenen Speck und eine Scheibe Kassler an (oft gibt es auch Kasslerreste für einen schmalen Taler) und gebe das alles in frisch gekochte und zerstampfte Kartoffeln. Umrühren, fertig.

Mit Kürbis ist das so eine Sache: Früher hat man den nur süßsauer eingeweckt und ganze Generationen von Kindern damit verschreckt. Wenn man ihn aber pfiffig zubereitet, ist das ein Festessen für Genießer!

Kürbissuppe

Für 4 Personen

1 kleiner Speisekürbis (zum Beispiel Hokkaido oder Butternut)
1 kleine Zwiebel
2 Knoblauchzehen
¾ Liter Gemüsebrühe
1 Teelöffel Curry
½ Glas Weißwein
1 Zentimeter frischer Ingwer
Salz, Pfeffer
Kürbiskernöl
Kürbiskerne

- Den Kürbis zerteilen und entkernen, in kleine Stücke schneiden.
- In einem großen Topf mit etwas Öl kurz anbraten, mit der Brühe aufgießen, das Currypulver und etwa 1 cm abgeriebene Ingwerknolle hinzugeben, dann etwa 20 Minuten kochen, bis die Stücke weich sind.
- Derweil die fein gewürfelte Zwiebel und die gepressten Knoblauchzehen anschwitzen.
- Die Kürbisstücke entweder grob zerstampfen oder fein pürieren – je nachdem, ob man es stückig oder sämig mag. Mit Weißwein, Salz und Pfeffer abschmecken.
- Auf den Tellern mit Kürbiskernöl und Kürbiskernen garnieren und servieren.

Tipp: Wenn Se ein Gärtchen haben oder Platz für ein kleines Hochbeet, behalten Se ein paar Kürbiskerne zurück und pflanzen Se im Frühjahr Ihren eigenen Kürbis an.

Das habe ich früher manchmal als Mitternachtssuppe gereicht, wenn abzusehen war, dass die Feier länger gehen würde. Später am Abend kommt ja meist nochmal ein kleiner Hunger und man hat gern was Deftiges im Magen.

Käse-Hackfleisch-Lauch-Suppe

- Die Zwiebel und die Knoblauchzehe fein hacken, zusammen mit dem Hackfleisch im heißen Öl in einem großen Topf anbraten.
- Den Porree in feine Ringe schneiden und in den Topf geben. Mit Gemüsebrühe aufgießen und alles zehn Minuten kochen lassen.
- Den Schmelzkäse hinzugeben, mit Salz, Pfeffer, geriebener Muskatnuss und Paprikapulver abschmecken. Noch mal kurz aufkochen lassen und mit frischem Baguette servieren.

Für 4 Personen

500 Gramm gemischtes Hackfleisch
2 Esslöffel Öl
2 Stangen Porree
400 Gramm Schmelzkäse mit Kräutern
1 Liter Gemüsebrühe, z. B. aus → Suppenstock
1 Zwiebel
1 Knoblauchzehe
1 Prise scharfes Paprikapulver
Salz, Pfeffer
Muskatnuss

Tipp: Die Suppe muss ich immer machen, wenn meine Kirsten kommt. Natürlich nehme ich dann statt Hackfleisch dieses Kunsthack aus Soja, aber das schmeckt genauso gut. Da merken Se keinen Unterschied. Meine Tochter leckt sich alle zehn Finger danach!

Bei kaltem, ungemütlichem Wetter gibt es nichts Besseres als eine heiße Hühnersuppe. Ich koche sie auch gern, wenn eine Erkältung im Anzug ist und der Patient ein bisschen Stärkung braucht. Hühnersuppe ist Aufbaukost für Körper und Seele!

Hühnersuppe

Für einen großen Topf

1 küchenfertiges Suppenhuhn
2 Liter Wasser
1 Bund Suppengrün (Sellerie, Porree, Möhren, Petersilienwurzel)
1 Zwiebel
1 Chilischote
Salz, Pfeffer
150 GrammSuppennudeln
½ Bund Petersilie

- Die Zwiebel mit Schale halbieren, auf den Schnittflächen in der heißen Pfanne bräunen. Das Huhn im Ganzen mit dem kalten Wasser, dem geputzten und zerkleinerten Suppengemüse, der Zwiebel, der Chilischote sowie Salz und Pfeffer zum Kochen bringen. Den sich bildenden Schaum abschöpfen und alles auf kleiner Flamme 1,5–2 Stunden kochen lassen, bis das Hühnerfleisch weich ist.
- Die Hühnerbrühe durch ein Sieb gießen, mit Salz und Pfeffer abschmecken. Als Suppeneinlage das mitgekochte Gemüse, Fleisch von Brust und Schenkeln und die Nudeln (separat kochen) beigeben. Mit frischer gehackter Petersilie bestreuen. Dazu passen statt Nudeln auch → Grießklößchen (S. 47).

Tipp: Kommen Se bloß nicht auf die Idee, hier Zeit zu sparen und die Suppe mit heißem Wasser aufzusetzen! Mit kaltem Wasser, das ist entscheidend. Nur dann schmeckt sie wie bei Tante Bergmann!

Oft jammern die Leute ja, dass sie von Suppe nicht satt werden. Mit Grießklößchen drin nehmen Se denen den Wind aus den Segeln!

Grießklößchen

Für 4 Personen

200 Gramm Grieß
500 Milliliter Milch
80 Gramm Margarine
1/2 Teelöffel Salz
4 Eier
Muskatnuss

- Die Milch mit der Margarine und den Gewürzen aufkochen. Grieß hinzugeben und rühren, bis sich ein glatter, fester Kloß vom Topfboden löst. Kurz abkühlen lassen, dann die Eier unterrühren.
- Aus dem Teig kleine Klößchen formen und in kochendem, aber nicht sprudelndem Wasser ziehen lassen, bis sie oben schwimmen.

Tipp: Die Grießklößchen sind eine leckere Einlage für Hühner- oder Gemüsebrühe. Man kann sie auch in eine Gemüsesuppe geben.

Suppe könnte ich jeden Tag essen, in allen Varianten. Schon Opa Strelemann hat mich immer »Kleiner Suppenkasper« genannt!

Mohrrübeneintopf

Für 4 Personen

600 Gramm Mohrrüben
600 Gramm Kartoffeln
2 Mettwürstchen
1 Zwiebel
½ Liter Gemüsebrühe, z. B. aus → Suppenstock
1 Esslöffel Zucker
Pfeffer
½ Bund frische Petersilie

- Zwiebel schälen und fein hacken, die Mohrrüben putzen und in Scheiben schneiden.
- Die Kartoffeln schälen und würfeln.
- Die Zwiebel mit etwas Butter im Topf glasig anschwitzen. Die Mohrrüben zu den Zwiebeln geben und ebenfalls anschwitzen. Den Zucker hinzugeben und kurz karamellisieren lassen. Die Kartoffeln hinzugeben und ebenfalls kurz anschwitzen.
- Die Brühe hinzufügen und bei kleiner Flamme etwa 30 Minuten köcheln lassen.
- Die Mettwürstchen in Scheiben schneiden, in einer Pfanne anbraten und zum Ende der Kochzeit in den Eintopf geben.
- Mit Pfeffer abschmecken und mit gehackter Petersilie bestreuen.

Tipp: Die Suppe schmeckt auch ohne Mettwürstchen prima. Dann muss man beim Abschmecken eventuell noch etwas nachsalzen, das merken Se beim Kosten.

Süße Hauptgerichte

Es gibt ja Leute, die werden von was Süßem nicht satt. Die brauchen immer etwas Deftiges auf den Teller, sonst sind die den ganzen Tag gnaddelig. Wilhelm, mein dritter Mann und der Vater meiner Tochter Kirsten, war so einer. Wenn ich dem mit Milchreis kam, machte der lange Zähne und knurrte. Er hat immer aufgegessen, sicher, aber ab spätem Nachmittag schielte er dann zur Uhr und drängelte, wann wohl endlich das Abendbrot fertig ist. Dabei gibt es so wunderbare, nahrhafte süße Hauptspeisen! Eine schöne Kirschsuppe oder eine Kaltschale ist schmackhaft und liegt einem im Sommer nicht so schwer im Magen, dass man bei der Hitze schon vom Essen fix und fertig ist.

zum Beispiel:

Grießbrei ⇨ S. 57

Milchreis ⇨ S. 60

Kirschsuppe ⇨ S. 63

Kurt will immer Dampfnudeln mit viel Kruste, aber beim Reinbeißen muss er aufpassen. Sein Zahnarzt hat schon genug an ihm verdient, findet Ilse.

Dampfnudeln

- Die Milch mit der Butter erwärmen. In einer Rührschüssel das Mehl mit Zucker und Salz vermischen und die Hefe darüberbröckeln. Eigelb und die lauwarme Milch-Mischung hinzufügen und mit dem Rührgerät zu einem geschmeidigen Teig kneten.
- Abgedeckt an einem warmen Ort etwa 45 Minuten ruhen lassen.
- Den Teig auf einer bemehlten Arbeitsfläche in 5 Portionen teilen und zu Kugeln formen. Zugedeckt nochmals 30 Minuten ruhen lassen.
- Milch, Butter, Salz und Zucker in einer beschichteten Pfanne zum Kochen bringen.
- Aufgegangene Hefeklöße vorsichtig hineinsetzen. Mit einem Deckel verschließen und bei niedriger Hitze etwa 30 Minuten dämpfen. Dabei niemals den Deckel öffnen, sonst fallen die Dampfnudeln zusammen.
- Auf Tellern mit → Vanillesoße (S. 54) anrichten.

Ergibt 5 Stück

für den Hefeteig
250 Milliliter Milch
100 Gramm Butter
500 Gramm Mehl
60 Gramm Zucker
1 Prise Salz
½ Würfel frische Hefe
2 Eigelb

zusätzlich

300 Milliliter Milch
50 Gramm Butter
½ Teelöffel Salz
1 Esslöfel Zucker

Tipp: Sie dürfen beim Garen nicht erschrecken, wenn sich eine rösche Kruste bildet. Die ist das Beste! Solange alles noch als »braun« bezeichnet werden kann, ist es in bester Ordnung. Bei »schwarz« hatten Se die Hitze zu hoch eingestellt.

Gertrud sagt, das ist ihr zu viel Arbeit, sie kauft immer die in der Packung. Aber seit Gunter bei mir richtige Vanillesoße probiert hat, will er keine andere mehr. Das wird Ihnen genauso gehen!

Vanillesoße

Ergibt 5 Portionen

1 Vanilleschote
250 Milliliter Schlagsahne
250 Milliliter Milch
6 Eigelb
80 Gramm Zucker
1 Prise Salz

- Vanilleschote längs einschneiden und das Mark herauskratzen.
- Mit Sahne und Milch in einem Topf aufkochen. Vom Herd nehmen und 10 Minuten ziehen lassen.
- Das Eigelb, den Zucker und das Salz mit dem Handrührer cremig aufschlagen. Die Milch-Sahne-Mischung auf der langsamsten Stufe nach und nach unter die Eigelb-Zucker-Mischung schlagen.
- Zurück in den Topf geben und unter ständigem Rühren vorsichtig erhitzen, bis die Soße andickt. Es darf nicht kochen, da das Eigelb sonst gerinnt. Hat die Soße die richtige Konsistenz, gießt man sie sofort in eine Schüssel, die in Eiswasser steht, damit der Garvorgang gestoppt wird.
- Die abgekühlte Soße im Kühlschrank aufbewahren

Tipp: Vanille ist sehr teuer. Deshalb verwende ich die ausgekratzte Schote auch noch weiter: Ich gebe sie in eine Dose mit Kristallzucker und habe nach einigen Tagen den feinsten Vanillezucker, den man sich denken kann!

Neulich hab ich beim Fäßbock ein Bild von meinem Grießbrei gezeigt, da hat jemand #soulfood druntergeschrieben. Ich frage Sie, was soll denn das nun wieder heißen?

Grießbrei

Für 4 Personen

- 750 Milliliter Milch
- 100 Gramm Grieß
- 2 Esslöffel Zucker
- 1 Päckchen Vanillezucker
- 1 Prise Salz
- 1 Ei

- Die Milch mit Zucker, Vanillezucker und einer Prise Salz zum Kochen bringen. Den Grieß unter Rühren mit einem Schneebesen einrieseln lassen und nochmals aufkochen.
- Den Topf vom Herd nehmen und den Grießbrei zugedeckt 5 Minuten ziehen lassen.
- Das Ei unterrühren. Die Butter ebenfalls in den Grießbrei geben und so lange rühren, bis die Butter geschmolzen ist.

Tipp: Zu Grießbrei schmeckt jedes eingeweckte Kompott – wie Kirschen, Erdbeeren oder Pflaumen. Probieren Se gern auch mal mit → Rumtopf (S. 148)!

Marmelade kochen

Wenn im Sommer die Hitze flirrt, die Grillen zirpen und die Luft nach Heu duftet, ist die Zeit gekommen, Marmelade zu kochen. Früher, in Oma Strelemanns Küche, haben wir aus saftigen, sonnengereiften Früchten große Portionen Konfitüre und Marmelade für den Winter gekocht, auch Gelee und Mus.

Große Mengen muss heute niemand mehr zubereiten, denn im Grunde kann man zu jeder Zeit jedes Obst kaufen. Es ist auch gar nicht so schwierig, wie Sie denken! Das Grundrezept lautet, dass man Früchte recht fein schneidet, zerdrückt oder püriert und mit der halben Menge Gelierzucker gut aufkocht. Lassen Se das Ganze sprudelnd etwa fünf Minuten kochen.

So. Das war es schon! Wenn das erst mal geklappt hat, können Se anfangen zu experimentieren: ein bisschen weniger Zucker, ein Spritzer Zitronensaft oder ein Hauch Vanille dazu oder gern auch mal zwei verschiedene Früchte gemischt. Sie werden keine fertige Marmelade mehr kaufen wollen!

Ich schreibe Ihnen die Rezepte alle mit einem Pfund Früchten auf, so kann man immer mal wieder eine neue Sorte probieren. Sie können aber auch die doppelte oder mehrfache Menge kochen, wenn Sie eine große Familie haben. Heiß in saubere Gläser abgefüllt und sofort verschlossen, hält sich die Marmelade monatelang.

Erdbeermarmelade
500 Gramm Erdbeeren
1 Spritzer Zitronensaft
250 Gramm Gelierzucker

Das Gleiche können Sie mit Heidelbeeren, Sauerkirschen, Aprikosen, Himbeeren, Birnen oder Brombeeren machen. Wer etwas mutiger ist, probiert mal zwei Rezepte von Ariane:

Himbeer-Rhabarber-Marmelade
250 Gramm Himbeeren
250 Gramm Rhabarber
1 Päckchen Vanillezucker
250 Gramm Gelierzucker

Birnenmarmelade mit Chili
500 Gramm Birnen
1 rote Chilischote, in feine Streifen geschnitten
1 Päckchen Vanillezucker
250 Gramm Gelierzucker

Kennen Sie den Unterschied zwischen Marmelade und Konfitüre? Nach Oma Strelemanns Regel enthält Konfitüre Fruchtstücke, Marmelade ist hingegen so fein püriert, dass sie keine Stücke mehr enthält. Aber nach dem Gesetzgeber darf man es nur Marmelade nennen, wenn der Aufstrich aus Zitrusfrüchten gemacht wird – pah, so ein Quatsch! Ich sage auch weiter Erdbeermarmelade, sollen se mich halt verhaften.

Ich serviere Milchreis mit ein bisschen gebräunter Butter und etwas Zimt. Dazu schmeckt Apfelmus. Ariane, das verrückte Huhn, hat mir neulich Milchreis serviert, der war mit Kokosmilch gekocht, und dazu gab es obenauf Mango. Das schmeckte wie Urlaub auf dem Traumschiff, sage ich Ihnen!

Milchreis

Für 4 Personen

1 Liter Milch
250 Gramm Reis (Rundkorn)
1 Esslöffel Butter
2 Esslöffel Zucker
1 Päckchen Vanillezucker
1 Prise Salz

- Die Butter in einem Topf schmelzen, den Reis kurz darin anschwitzen. Mit der Milch aufgießen und unter Rühren zum Kochen bringen.
- Vanillezucker, Zucker und Salz hinzugeben und bei kleiner Flamme etwa 20–30 Minuten quellen lassen. Dabei immer wieder umrühren, da der Milchreis leicht anbrennt.
- Milchreis schmeckt warm oder kalt.

Tipp: Wenn Ihnen der Milchreis doch einmal angebrannt ist: Geben Se kaltes Wasser und einen Löffel Natron in den leeren Topf, lassen Se das aufkochen und eine Stunde einwirken. Dann kriegen Se die Kruste leicht wieder ab!

Das ist seit meiner Kindheit an heißen Sommertagen mein Lieblingsessen. Es ist leicht, und durch den Sago hat man trotzdem was im Magen. Wunderbar!

Kirschsuppe

- Den Vanillepudding mit der Milch nach Kochanleitung zubereiten, abkühlen lassen und in etwa 1 cm große Würfel schneiden.
- Den Perlsago in gut einen Liter kochendes Wasser geben, etwa zehn Minuten köcheln, vom Herd nehmen und ziehen lassen, bis die Sagoperlen klar sind. Abkühlen lassen und durch ein Sieb abgießen.
- Die Kirschen mit dem Saft in einen Topf oder eine Schüssel geben. Sago hinzugeben und gegebenenfalls mit Zucker abschmecken.
- Die Vanillepuddingwürfel entweder in die Suppe geben oder als Beilage im Schälchen servieren.

Für 4 Personen

1 Glas Sauerkirschen
1 Glas Süßkirschen
1 Flasche Sauerkirschsaft
200 Gramm Perlsago
2 Päckchen Vanillepudding
500 Milliliter Milch
Zucker

Tipp: Oma Strelemann hatte ja nicht nur Kirschen eingeweckt. Daher kann ich Ihnen sagen: Das Rezept schmeckt auch mit Mirabellen köstlich.

Ich werde nie die schöne Busreise mit Gertrud nach Tirol vergessen. Nicht nur wegen der netten Reisebekanntschaft mit den Krachlhubers, sondern vor allem wegen des Kaiserschmarrns.

Kaiserschmarrn

Für 4 Personen

200 Gramm Mehl
3 Esslöffel Zucker
1 Prise Salz
4 Eier
300 Milliliter Milch
3 Esslöffel Rosinen
2 Esslöffel Butter
Puderzucker

- Das Ei trennen und das Eigelb mit Mehl, Zucker, Salz und Milch zu einem zähflüssigen Teig verrühren.
- Das Eiweiß zu Schnee schlagen und vorsichtig unterheben.
- In einer Pfanne die Butter erhitzen und den Teig vorsichtig eingießen. Von beiden Seiten goldgelb anbraten, anschließend die Pfanne bei 180 Grad für etwa 10 Minuten in den Backofen geben und den Teig fertig garen lassen.
- Anschließend mit zwei Gabeln den Teig in unregelmäßige Stücke reißen und Rosinen hinzugeben.
- Mit Puderzucker anrichten und servieren.

Tipp: Wenn keine Kinder mitessen, können Se die Rosinen in Rum einlegen! Gern serviere ich auch Früchte aus dem → Rumtopf (S. 148) dazu oder selbst gemachtes Apfelmus.

Das gibt es am Sonntag

Man kennt das doch: Im Alltag rennen alle hektisch durch die Welt, weil sie zur Arbeit müssen und Termine haben. Da bleibt für das Mittagessen nicht viel Zeit. Meist gibt es nur was aus der Kantine oder einen Salat, und abends, nach der Arbeit? Na, da stellen sich die wenigsten hin und kochen groß auf. Man schläft auch nicht gut mit schwerem Magen, deshalb gibt es was Leichtes, was Schnelles oder was der Lieferdienst eben rasch bringen kann. Aber am Sonntag, da ist oft noch die ganze Familie beisammen. Wenn Sie dann Ihre Lieben mit einem wunderbaren Sonntagsessen verwöhnen, bevor Sie zu einem gemeinsamen Spaziergang aufbrechen – na, was meinen Se, wie die staunen und schlemmen werden!

zum Beispiel:

gefüllte Paprikaschoten ⇨ S. 73

Königsberger Klopse ⇨ S. 69

Schnitzel mit Petersilienkartoffeln ⇨ S. 78

Bei mir gibt es kein Schischi, sondern tüchtige Portionen, von denen jeder satt wird. Und gegessen wird um zwölf!

Königsberger Klopse

Für 4 Personen

500 Gramm gemischtes Hackfleisch (halb Lamm, halb Kalb)
100 ml lauwarme Milch
1 altbackenes Brötchen
1 kleine Zwiebel
50 Gramm durchwachsener Speck
2 Sardellenfilets
½ Bund Petersilie
1 Teelöffel Senf
Salz, Pfeffer
reichlich 1 l Brühe, z. B. aus → Suppenstock
2 Lorbeerblätter
80 Gramm Butter
2 EL Mehl
1 EL Kapern
1 Schuss Weißwein
250 ml Sahne
½ Zitrone

- Das altbackene Brötchen würfeln und in der erwärmten Milch einweichen. Die Zwiebel schälen, fein würfeln und zusammen mit dem gewürfelten Speck in einer Pfanne glasig werden lassen. Die Pfanne beiseitestellen, fein gehackte Petersilie und die klein geschnittenen Sardellenfilets unter die nicht mehr heiße Menge aus Zwiebeln und Speck rühren.
- Das gemischte Hackfleisch mit Ei, Senf und dem gut ausgedrückten Brötchen in eine Schüssel geben. Salzen, pfeffern und die Masse aus der Pfanne hinzugeben. Aus diesem Fleischteig mit angefeuchteten Händen kleine Klopse formen.
- Die Brühe mit den Lorbeerblättern aufkochen, die Klopse gute zehn Minuten darin leise siedend garen.
- Wenn die Klopse fertig sind, die Brühe durch ein feines Sieb gießen und aus der Butter und dem Mehl eine Mehlschwitze zubereiten. Mit so viel Brühe ablöschen, dass eine sämige Soße mit der gewünschten Bindung entsteht. Sahne hinzugeben und mit Weißwein, Zitronensaft, Kapern, Salz und Pfeffer abschmecken.
- Die Klopse in die Soße geben und noch mal durchziehen lassen, danach zusammen mit Salzkartoffeln servieren. Dazu passt Rote-Bete-Salat.

Tipp: Hackfleisch von Kalb und Lamm bekommt man frisch und günstig im türkischen Supermarkt. Es ist sehr fein im Geschmack, probieren Se es mal! Im Notfall geht aber auch das gewohnte mit Rind und Schwein.

Ich hab nun wirklich lange gesucht, um für Kirsten eine vegetarische Gans zu finden, aber so was haben sie offenbar noch nicht erfunden. Schnitzel gibt es!

Gänsebraten

Für 6–8 Personen

1 Gans
(etwa 3,5–5 Kilogramm)
5 Zwiebeln
5 Äpfel
1 Bund Beifuß
Salz, Pfeffer
250 Milliliter Gemüsebrühe, z. B. aus → Suppenstock
500 Milliliter Kalbsfond
1 rohe Kartoffel
50 Gramm kalte Butter

- Die küchenfertige Gans waschen und mit Küchenpapier trocken tupfen.
- Die Zwiebeln schälen und grob würfeln, die entkernten, aber ungeschälten Äpfel ebenfalls grob würfeln. Mit Salz, Pfeffer und Beifuß mischen und die Gans damit füllen. Die Gans mit Holzspießchen verschließen und von außen kräftig salzen und pfeffern.
- Die Gans in einen großen Bräter oder auf ein tiefes Backblech legen, 200 ml Gemüsebrühe angießen und in den nicht vorgeheizten Backofen schieben. Bei 170 Grad Heißluft etwa zweieinhalb Stunden braten. Dabei immer wieder mit dem austretenden Bratenfett übergießen. Die Gans ist gar, wenn beim Anstechen der Brust heller Fleischsaft ohne Rötung austritt.
- Aus dem Bratensatz und dem Kalbsfond eine Soße kochen, durch ein Sieb passieren und mit geriebener roher Kartoffel und kalter Butter binden.
- Die Gans tranchieren und servieren.

Tipp: Wissen Se, früher habe ich Gans oft zu Weihnachten gebraten. Mittlerweile machen wir es in unserer Familie so, dass ich an einem Adventssonntag zum Gänsebraten einlade. So hat man mehr Ruhe beim Kochen, und es wird auch kräftiger zugelangt als an den Festtagen, wo alle schon so viel genascht haben.

Wenn man das Hackfleisch zur Hälfte durch gekochten Reis oder Bulgur ersetzt, schmeckt das sehr fein und ist nicht ganz so mächtig. Probieren Se das mal!

Gefüllte Paprikaschoten

- Die Paprikaschoten waschen, am Stielende einen Deckel abschneiden. Das Kerngehäuse aus den Schoten entfernen. Das Fruchtfleisch der Deckel würfeln.
- Eine Zwiebel und die Knoblauchzehe hacken und in einer Pfanne anschwitzen. Zum Hackfleisch geben und zusammen mit den Gewürzen und den Eiern zu einem Teig verkneten. Die Paprikaschoten damit füllen.
- Das Fett in einem großen Bräter erhitzen, die gefüllten Schoten hineinsetzen und von allen Seiten anbraten lassen, dann herausnehmen.
- Im Bratfett eine klein gehackte Zwiebel und die aus den Deckeln geschnittenen Paprikawürfel andünsten. Das Tomatenmark hinzugeben und kurz karamellisieren lassen. Mit Brühe aufgießen, zum Kochen bringen und die Paprikaschoten wieder hineinsetzen.
- Zugedeckt bei geringer Hitze etwa 45 Minuten garen, zum Schluss die Soße nach Belieben mit Mehl oder Soßenbinder andicken.
- Dazu serviert man Reis oder Salzkartoffeln.

Ergibt 6 Stück

6 große Paprikaschoten, vorzugsweise rote
1 Kilogramm gemischtes Hackfleisch
2 Zwiebeln
1½ Teelöffel Salz
Pfeffer
½ Teelöffel gemahlener Kümmel
1 Teelöffel Majoran
1 Teelöffel mildes Paprikapulver
1 Knoblauchzehe
2 Eier
150 Gramm Tomatenmark
1 Liter Brühe, z. B. aus → Suppenstock
2 Esslöffel Mehl oder Soßenbinder
2 Esslöffel Öl oder Margarine

Tipp: Manchmal kriegt man nicht das ganze Hackfleisch in die Paprikaschoten rein, die sind ja immer unterschiedlich groß. Das ist aber kein Beinbruch, ich forme dann aus dem Rest vom Fleischteig einfach kleine Buletten und gebe sie mit in den Bräter. Buletten schmecken ja auch kalt zur Stulle.

Das ist ein ganz schnelles Essen, für das alle Gäste schwärmen. Ein »Angebergericht«, wie Ariane sagt, denn im Grunde kauft man alles schon fertig ein. Mit einem kleinen Salat als Beilage können Se damit ohne große Mühe richtig Eindruck machen!

Zitronenhähnchen

Für 4 Personen

750 Gramm gewürzte Kartoffelspalten (aus dem Tiefkühler im Supermarkt)
4 Hähnchenschenkel
1 Zitrone, ausgepresst
Salz, Pfeffer
scharfes Paprikapulver

- Die gefrorenen Kartoffelspalten in eine mit etwas Öl ausgepinselte Auflaufform geben.
- Das Fleisch der Hähnchenschenkel auslösen, mit Salz, Pfeffer und Paprika würzen und auf die Kartoffeln legen.
- Bei 180 Grad Umluft etwa 45 Minuten im Ofen garen.
- Etwa 10 Minuten vor Ende der Garzeit den Zitronensaft über Kartoffeln und Fleisch träufeln.

Tipp: Zitronen kaufe ich immer im Angebot, presse sie aus und friere den Saft im Eiswürfelbehälter ein. So hat man immer eine kleine Menge parat und spart viel Geld.

Hackbraten schmeckt nicht nach Hase und sieht nicht aus wie Hase, fragen Se mich also nicht, warum es »falscher Hase« heißt. Ich glaube, weil man früher die gleiche Pfanne wie für Karnickelbraten nahm.

Falscher Hase

Für 4 Personen

500 Gramm gemischtes Hackfleisch
1 Zwiebel
1 altbackenes Brötchen
1 Ei
1 Esslöffel Senf
Salz, Pfeffer
Muskat
gemahlener Kümmel
Paprikapulver
wahlweise 2 hart gekochte Eier

- Die fein gehackte Zwiebel andünsten, das Brötchen in warmem Wasser einweichen.
- Das Hackfleisch mit dem ausgedrückten Brötchen, der Zwiebel, dem Senf, dem Ei und den Gewürzen gründlich verkneten und zu einem Laib formen. Wer mag, drückt zwei hart gekochte, gepellte Eier in die Mitte des Laibs.
- Auf ein gefettetes Backblech setzen und bei 180 Grad Umluft 30–40 Minuten braten. Den falschen Hasen in Scheiben aufschneiden, den Bratensatz mit etwas Wasser und Soßenbinder zu einer Soße aufkochen.
- Mit Kartoffelpüree und Gemüse servieren.

Tipp: Das ist ein prima Gericht für Leute, die gern Fleisch essen, aber trotzdem gegen Ende des Monats schon auf die Ebbe im Portjuchhe zusteuern. Hackfleisch kostet nicht die Welt, auch nicht, wenn Se bio kaufen.

Ich weiß noch, als ich mit meiner Freundin Gertrud das erste Mal in Wien war. Da hat uns der Kellner gefragt: »Mögns än Häuptlsalat zum Schnitzl oder än Erdäpflsalat?« Ach, der Herr hatte Schmäh in der Stimme, Gertrud bekam gleich leuchtende Augen!

Schnitzel mit Petersilienkartoffeln

Für 2 Personen

2 sehr dünn geschnittene Schnitzelscheiben vom Kalb oder Schwein
100 Gramm Mehl
100 Gramm Semmelmehl
2 Eigelb
1 Ei
½ Liter Raps- oder Sonnenblumenöl
1 Teelöffel scharfes Paprikapulver
1 Teelöffel Salz
½ Teelöffel frisch gemahlener Pfeffer
2 Zitronenscheiben

- Die Schnitzel möglichst nicht klopfen, nur vorsichtig platt drücken.
- Das Mehl mit Salz, Pfeffer und Paprikapulver vermengen und auf einen Teller geben, die Eier und das Eigelb in einem weiteren Teller verkleppern. Auf einen dritten Teller die Semmelbrösel geben.
- In einer Pfanne das Öl sehr heiß erhitzen. Die Schnitzel im Gewürzmehl wenden, dann durch die Eiermasse ziehen und abschließend in den Semmelbröseln panieren.
- Die Schnitzel in das heiße Fett geben. Sie müssen schwimmen, werden also eher frittiert als gebraten. Herausnehmen, wenn sie goldgelb sind.
- Mit einer Zitronenscheibe servieren.
  Dazu schmeckt ➔ Kartoffelsalat (S. 131) oder auch ein grüner Salat.

Kurt bestellt *immer* Schnitzel, egal ob im Ratskeller, beim Griechen oder beim Chinesen.

*Schon Oma Strelemann sagte immer:
Ein gutes Gulasch muss sein wie ein Mann:
scharf, aber nicht zu scharf!!*

Gulasch

- Das Rindfleisch in etwa 3 cm große Würfel schneiden.
- Den Speck in einem Bräter auslassen, die Fleischstücke darin scharf anbraten. Das Tomatenmark und die gepressten Knoblauchzehen kurz mitbraten, dann die grob gewürfelten Zwiebeln und die Gewürze hinzugeben.
- Den Suppenstock bzw. das fein gewürfelte Suppengemüse unterrühren, alles bei 180 Grad Umluft im Ofen etwa eine Stunde braten. Den Wein und das Wasser hinzufügen und eine weitere Stunde schmoren, bis die Zwiebeln zerfallen sind.
- Wie viel Salz zugegeben werden muss, hängt entscheidend davon ab, ob schon gesalzener Suppenstock oder frisches Suppengemüse verwendet wurde.

Für 4 Personen

1 Kilogramm Rindfleisch, am besten aus der Wade
50 Gramm Speck
50 Gramm Tomatenmark
1 Kilogramm Zwiebeln
2 Knoblauchzehen
2 Esslöffel Suppenstock *oder* ½ Bund Suppengemüse
½ Teelöffel scharfe Rosenpaprika
1 Teelöffel milde Paprika
½ Teelöffel geräucherte Paprika
½ Teelöffel gemahlener Kümmel
1 Glas Rotwein
500 Milliliter Wasser
Salz, Pfeffer

Tipp: Gulasch schmeckt am besten mit Kartoffelpüree und am nächsten Tag aufgewärmt mit Nudeln. Eine Beilage braucht es eigentlich nicht, aber wenn, dann empfehle ich Rotkohl.

Das essen wir immer, wenn ich meine Cousine Amalie besuche. Aber im Restaurant, Amalie kann nämlich nicht kochen. Ich glaube, sie sagt das nur, damit die Wohnung nicht so streng riecht.

Forelle »Müllerin«

Für 2 Personen

2 Forellen
1 Zitrone
4 Esslöffel Mehl
1 Bund Gartenkräuter nach Geschmack
Butterschmalz
Butter
Salz, Pfeffer

- Die Forellen innen und außen salzen und pfeffern. Die Fische innen mit Zitronensaft beträufeln und mit gehackten Kräutern füllen.
- In Mehl wenden und sofort in ausgelassenem Butterschmalz anbraten. Nach etwa 3 Minuten wenden, etwas Butter dazugeben und mit Deckel bei niedriger Hitze etwa 5 Minuten gar ziehen lassen.
- Aus der Pfanne nehmen und sogleich servieren. Dazu passen Petersilienkartoffeln und ein bunter Salat.

Tipp: Geben Se den Fisch SOFORT nach dem Mehlieren in das Fett. Wenn man zu lange wartet und das Mehl feucht wird, bräunt es nicht.

Ich habe ganz wunderbare Rouladenklammern, um die mich alle beneiden. Die Anschaffung lohnt, die halten ein Leben lang! Man kann aber auch mit Küchengarn wickeln oder sich mit Zahnstochern behelfen.

Kohlrouladen

Für 4 Personen

1 Kopf Wirsingkohl
1 altbackenes Brötchen
1 Zwiebel
750 Gramm gemischtes Hackfleisch
2 Eier
Salz, Pfeffer
süßes Paprikapulver
3 Esslöffel Öl
2 Esslöffel Tomatenmark
1 Liter Gemüsebrühe, z. B. aus → Suppenstock
3 Esslöffel dunkler Soßenbinder

- Die äußeren 16 Blätter vom Kohl lösen und in kochendem Salzwasser kurz blanchieren. In kaltem Wasser abschrecken und trocken tupfen. Die dicken Kohlrippen entfernen.
- Das Brötchen in warmem Wasser einweichen. Die Zwiebel würfeln und anschwitzen, mit dem ausgedrückten Brötchen, den Eiern, dem Senf, Salz, Pfeffer und Paprika zum Hackfleisch geben. Verkneten und aus der Hackmasse 8 gleich große längliche Frikadellen formen. Je 2 Kohlblätter aufeinanderlegen und eine Frikadelle darin einwickeln. Mit Küchengarn oder Rouladenklammern fixieren.
- Öl in einem Bräter erhitzen, die Kohlrouladen darin von allen Seiten kräftig anbraten. Das Tomatenmark hinzugeben und kurz karamellisieren lassen. Mit Brühe ablöschen und etwa eine Stunde bei mittlerer Hitze garen.
- Die Rouladen auf einer Platte anrichten und den Soßenbinder in die Flüssigkeit einrühren. Abschmecken und mit Salzkartoffeln servieren.

Tipp: Viele machen Kohlrouladen aus Weißkohl, aber ich nehme immer Wirsing. Erstens schmeckt der feiner, zweitens ist er leichter verdaulich, und drittens mache ich aus den Resten gleich noch feinen → Rahmwirsing (S. 98) für den nächsten Tag. Man muss beim Kochen auch immer praktisch denken!

Gertrud hat früher in der Großküche gearbeitet. Da haben die auch die Haut mit in das Frikassee getan, und das macht Gertrud bis heute. Das schmeckt einfach nicht! Aber ich kriege es ihr nicht abgewöhnt.

Hühnerfrikassee

Für 4 Personen

4 Stück Hähnchenbrust
4 Hähnchenschenkel
1 Glas Hühnerfond
1 Liter Wasser
1 Bund Suppengemüse
1 Zwiebel
2 Teelöffel Salz
Pfeffer
300 Gramm Hackfleisch
1 Ei
50 Gramm Semmelbrösel
½ Teelöffel Salz
Pfeffer
1 Teelöffel Senf
150 Gramm Butter
100 Gramm Mehl
1 kleines Glas Kapern
250 Gramm Gemüse nach Wahl: Erbsen, Spargelspitzen oder Champignons

- Die Zwiebel mit Schale halbieren, auf den Schnittflächen in einer heißen Pfanne bräunen. Das Hühnerfleisch mit dem kalten Wasser, dem Hühnerfond, dem geputzten und zerkleinerten Suppengemüse, der Zwiebel sowie Salz und Pfeffer zum Kochen bringen. Auf kleiner Flamme etwa 45–60 Minuten köcheln, bis das Fleisch der Keulen sich leicht löst.
- Abkühlen lassen, das Brustfleisch zerkleinern, das Fleisch von den Keulen lösen und ebenfalls zerkleinern. Die Haut nicht verwenden. Die Brühe durch ein Sieb gießen und bereitstellen.
- Hackfleisch mit Ei, Senf, Semmelbröseln sowie Salz und Pfeffer zu einem Teig vermengen und sehr kleine Klößchen formen. In Salzwasser gar ziehen lassen, bis sie oben schwimmen. Die Klößchen zu dem Hühnerfleisch geben. Das Gemüse separat bissfest dünsten.
- In einem großen Topf aus Butter und Mehl eine Mehlschwitze zubereiten. Mit so viel Hühnerbrühe aufgießen, dass die Soße die gewünschte Konsistenz erhält. Dann das Hühnerfleisch, die Klößchen und das Gemüse hinzufügen und nur noch heiß werden lassen. Die Kapern abspülen und am besten in einem extra Schälchen auf den Tisch stellen. Erfahrungsgemäß mag nicht jeder Kapern, deshalb ist es geschickter, jeder Gast gibt sie selbst zum Gericht..

Tipp: Früher, ja! Da hat Opa Strelemann den Hahn geschlachtet, und wir haben daraus Frikassee gekocht, in aller Ruhe und mit der Zeit, die das zähe Tier brauchte, bis es weich war. Aber ich weiß doch, wie das heute ist. Es muss schnell gehen, und deshalb habe ich Ihnen die fixe Variante aufgeschrieben. Es geht doch viel flotter, wenn Sie den Hahn nicht schlachten, rupfen und ausnehmen müssen.

*»Sauerkraut am Neujahrstag gibt Geld das ganze Jahr.«.
Ich glaube eher, dass das Saure vom Kraut nach Silvester dem dicken Kopf guttut, aber es ist ja auch egal.
Neujahr gibt es jedenfalls Kassler, so will es die Tradition!*

Kasslerbraten

- Das Öl in einem Bräter erhitzen, die geschälten Zwiebeln in Ringe schneiden und dazugeben.
- Das Fleisch pfeffern und mit Majoran einreiben, auf das Zwiebelbett setzen und im Backofen etwa eine Stunde braten. Mit der Brühe aufgießen und eine weitere Stunde schmoren.
- Das Fleisch herausnehmen, in Scheiben schneiden und auf einer Platte anrichten.
- Die Flüssigkeit durch ein Sieb gießen, das Mehl mit etwas Wasser klümpchenfrei verrühren und die Soße damit abbinden. Mit Stampfkartoffeln und → Sauerkraut servieren.

Für 4 Personen

1 Kilogramm Kasslernacken oder -lachs
2 Zwiebeln
Pfeffer
Majoran
2 Esslöffel Raps- oder Sonnenblumenöl
1 Liter Gemüsebrühe, z. B. aus → Suppenstock
2 Esslöffel Mehl

Tipp: Reste vom Kasslerbraten friere ich natürlich ein. In Stücke geschnitten hat man eine prima Suppeneinlage.

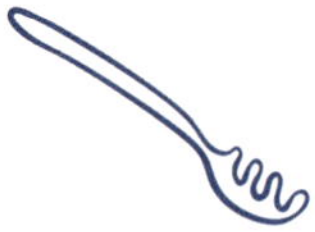

Ohne Beilagen geht es nicht

Wenn Se mich fragen, sind die Beilagen das Beste am ganzen Essen. Für gut gemachte Semmelknödel oder leckeren Rotkohl lasse ich gern das Fleisch stehen, das sage ich Ihnen! Man kann sich den halben Tag in die Küche stellen und den Braten butterzart garen – wenn man dann Rotkohl aus dem Glas dazu serviert, ruiniert man in meinen Augen das ganze Gericht. Es macht nun wirklich nicht viel Mühe, lohnt sich aber.

zum Beispiel:

Glasierte Mohrrüben ⇨ S. 105

Rotkohl ⇨ S. 93

Serviettenknödel ⇨ S. 94

Rotkohl selbst zu kochen ist eine kleine Mühe, das gebe ich zu. Aber er schmeckt köstlich und ist die Arbeit allemal wert. Man weiß auch, was drin ist! Gekaufter Rotkohl schmeckt oft so streng nach Nelke, dass es fast schon das Zahnfleisch betäubt.

Rotkohl

Für 4–6 Personen

1 Kopf Rotkohl
200 Milliliter Rotwein
200 Milliliter Balsamicoessig
2 Esslöffel Honig
1 Esslöffel Salz
1 Esslöffel Gänseschmalz
1 Glas Apfelmus
2 Esslöffel Beerenmarmelade nach Geschmack
½ Teelöffel Nelken
1 Zimtstange
2 Lorbeerblätter

- Den Rotkohl achteln und in feine Streifen hobeln. Mit Rotwein, Balsamicoessig, Salz und Honig vermengen und gut durchziehen lassen, am besten über Nacht.
- In einem großen Topf das Gänseschmalz erhitzen und das Rotkraut darin anbraten. Das Apfelmus und die Marmelade unterrühren.
- Die Zimtstange grob zerbrechen, zusammen mit Nelken und Lorbeerblättern in einen Teefilter füllen und alles etwa eine Stunde auf kleinem Feuer gut durchkochen.

Tipp: Der Rotkohl kann portionsweise eingefroren oder eingeweckt werden. Der passt prima zu Ente und Gans, aber auch zu Leber und zu jeder Art von Braten. Da hat man immer was da und ist ruck, zuck fertig.

Aus dem Teig können Se auch Semmelknödel zubereiten. Aber ich bevorzuge den Serviettenknödel, denn so bekommt man schönere Scheiben.

Serviettenknödel

Für 4 Personen

6 altbackene Brötchen
1 kleine, gehackte Zwiebel
1 gehackte Knoblauchzehe
1 Esslöffel Butter
200 Milliliter Milch
2 Eier
½ Bund gehackte Petersilie
Salz, Pfeffer
Muskatnuss

- Die Brötchen würfeln. Zwiebeln und Knoblauch fein hacken und in Butter goldgelb andünsten, die Milch hinzugeben und kurz köcheln lassen. Die heiße Milch-Zwiebel-Mischung über die Brötchenwürfel gießen und die Masse quellen lassen. Die Eier hinzufügen, mit Salz, Pfeffer und geriebener Muskatnuss würzen. Mit der Petersilie gut vermengen und 10 Minuten durchziehen lassen.
- Der Teig wird in eine feuchte Stoffserviette gegeben und eingerollt. Die Enden verschließt man mit Küchengarn und gibt den Serviettenknödel für 30 Minuten in leicht siedendes Salzwasser. Danach wird der Knödel ausgewickelt, in Scheiben geschnitten und serviert.

Tipp: Der Knödel schmeckt nicht nur prima als Beilage zu Braten, sondern auch am nächsten Tag in Butter gebraten zu einer Pilzpfanne oder zu Gemüsegeschnetzeltem. Ein Gedicht! Ich mache deswegen immer zwei Serviettenknödel aus der doppelten Menge Teig.

Wenn dazu kein eiskalter Korn passt, na, dann will ich nicht Renate Bergmann heißen! Gertrud und ich waren vor Jahren mal in Oldenburg und haben eine Grünkohlwanderung mitgemacht. Der Koch in der Wirtschaft, in der wir eingekehrt sind, hat mir sein Rezept verraten, und ich schreibe es Ihnen heute auf.

Grünkohl

- Die gehackten Zwiebeln im heißen Schmalz kurz andünsten. Den Grünkohl hinzugeben und zusammenfallen lassen. Durch die Hitze verliert er viel Volumen.
- Mit Brühe aufgießen, Senf hinzugeben und mit Salz und Pfeffer würzen. Bei kleiner Hitze 30 Minuten garen.
- Eventuell etwas Brühe nachgießen.

Für 4 Personen

1 Kilogramm Grünkohl (gern auch tiefgefroren)
50 Gramm Gänseschmalz
½ Liter kräftige Brühe
2 Esslöffel Senf
2 Zwiebeln
Salz, Pfeffer

Tipp: Grünkohl muss einmal Frost bekommen haben, dann schmeckt er erst richtig. Deshalb kann man auch gut tiefgefrorenen Kohl verwenden. Der Kohl schmeckt als Beilage zu Ente und Gans. Sehr gern serviere ich ihn aber auch zu Kassler oder mit Knackwürsten oder Grützwurst. »Pinkel«, sagen die Norddeutschen.
In dem Fall erhitzt man die Würste und die Kasslerscheiben direkt im Grünkohl, umso deftiger schmeckt er.

Unsereins kennt ja als Beilagengemüse von früher meist nur Erbsen und Mohrrüben oder Rotkohl und Grünkohl. Man kann Wirsing aber auch sehr fein zubereiten und nicht nur zu Eintopf verkochen.

Rahmwirsing

Für 4 Personen

1 Kilogramm Wirsing, fein gehobelt
1 Zwiebel
100 Gramm durchwachsener Speck
250 Milliliter kräftige Brühe, z. B. aus → Suppenstock
200 Milliliter Schlagsahne
1 Esslöffel Butter
Salz, Pfeffer
Muskatnuss

- Den Kohl von den äußeren Blättern befreien, den Strunk entfernen und fein hobeln. Speck in Würfel schneiden, bei milder Hitze auslassen und die gehackte Zwiebel darin andünsten.
- Den Kohl hinzugeben und anschwitzen. Mit Brühe und Schlagsahne aufgießen, Gewürze dazugeben und etwa 20 Minuten garen.

Tipp: Der Rahmwirsing schmeckt zu Fisch oder auch zu Gegrilltem. Wenn Se statt Speckwürfeln geräucherten Tofu verwenden, haben Se ein feines vegetarisches Gericht. Meine Tochter war ganz begeistert!

»Die kann nicht kochen, höchstens Kaffee und Bratkartoffeln!«, heißt es, wenn eine Hausfrau am Herd nichts zustande bringt. Aber gute Bratkartoffeln zu machen, ist gar nicht so leicht! Oft kriegt man zerfallenen Pamps oder vor Fett triefende Reste serviert. Mit meinem Rezept gelingen sie immer!

Bratkartoffeln

Für 2 Personen

6 mittelgroße rohe Kartoffeln
1 kleine Zwiebel
50 Gramm durchwachsener Speck
Majoran
Salz, Pfeffer

- Die Kartoffeln schälen und in etwa 1 cm große Würfel schneiden. In einer Pfanne etwas Fett auf höchster Stufe erhitzen und die rohen Kartoffelwürfel kräftig anbraten, bis sie von allen Seiten goldbraun sind.
- Erst dann die fein gehackte Zwiebel und den Speck hinzufügen und die Kartoffeln gut durchschwenken. Deckel aufsetzen und zugedeckt bei reduzierter Energiezufuhr etwa 10 Minuten garen, bis die Kartoffeln weich sind.
- Mit Salz und Pfeffer abschmecken, etwas frischen oder getrockneten Majoran unterrühren.

Tipp: Ein paar Eier drüber, und zack! haben Se ein wunderbares → Bauernfrühstück (S. 17).

Frische Nudeln machen ein bisschen Mühe, jawoll. Aber es lohnt sich. Wenn die Tomaten im Garten reif sind und nach Sonne duften, gebe ich einfach drei oder vier davon in kleinen Stückchen in eine Pfanne, würze mit Salz, Pfeffer und einer Prise Zucker und gebe das mit frischem Basilikum über die Nudeln. Ich schwöre Ihnen, Sie sagen Renata Bergamo zu mir, so italienisch schmeckt das!

Frische Nudeln

Für 2 Personen

200 Gramm Mehl
2 Eier
2 Prisen Salz
2 Esslöffel Olivenöl
3–4 Esslöffel Wasser

- Das Mehl sieben und mit den Eiern, dem Salz und dem Öl zu einem Teig verkneten. Wasser nach Bedarf hinzugeben, sodass ein fester, aber geschmeidiger Teig entsteht. Nach etwa 10 Minuten sollte der Nudelteig leicht glänzen. In Folie wickeln und für mindestens 30 Minuten im Kühlschrank ruhen lassen.
- Den Teig anschließend entweder mit der Nudelmaschine weiterverarbeiten oder auf dem Küchentisch etwa 1 Millimeter dick ausrollen. Den Nudelteig gut bemehlen und zweimal locker falten. Mit dem Messer in schmale oder breitere Nudeln schneiden.
- In kochendem Salzwasser etwa eine Minute garen.

Tipp: Man darf nur so viel Wasser hinzugeben, dass der Teig gerade so geschmeidig ist. Er muss fest und zäh sein.

Mohrrüben sollen ja gut für die Augen sein. Ich glaube, da ist nichts dran. Ilse kocht zweimal die Woche Möhren, mit dem Resultat, dass Kurt inzwischen 17 Dioptrien hat. Aber Auto fährt er noch wie ein Junger!

Glasierte Mohrrüben

Für 4 Personen

600 Gramm junge, kleine Mohrrüben
2 Esslöffel Butter
2 Esslöffel Zucker
Salz, Pfeffer
½ Bund Petersilie

- Die Mohrrüben putzen und in mundgerechte Stücke schneiden.
- In Salzwasser ca. 8 Minuten kochen.
- Die Butter und den Zucker in einer Pfanne karamellisieren lassen, die Möhren darin von allen Seiten anbraten.
- Nach Bedarf pfeffern, anschließend mit klein geschnittener Petersilie bestreuen und servieren.

Das ist so schnell gekocht, so schnell finden Sie nicht mal den Büchsenöffner für gekaufte Mohrrüben!

*Ich sage lieber Kartoffelauflauf und nicht »Gratin«.
Erstens bin ich keine, die so etepetete tut wie die Fernsehköche,
und außerdem bin ich mir bei der Aussprache unsicher.
»Gratöng« oder »Gratäääää« … meine Güte!
Ich sage Auflauf und fertig.*

Kartoffelauflauf

Für 4 Personen

800 Gramm rohe, geschälte Kartoffeln (festkochend)
250 Milliliter Sahne
250 Milliliter Milch
Salz, Pfeffer
Muskatnuss
1 Knoblauchzehe
1 Esslöffel gekörnte Gemüsebrühe oder → Suppenstock
50 Gramm Butter

- Eine Auflaufform mit Butter einfetten. Die Kartoffeln mit dem Gurkenhobel in feine Scheiben schneiden und gefächert in die Form schichten.
- Die Milch mit der Sahne, der gepressten Knoblauchzehe, den Gewürzen und der Brühe verrühren und über die Kartoffeln gießen, dann Butterflöckchen darüber verteilen.
- Bei 180 Grad Umluft etwa eine Stunde im Backofen garen.

Tipp: Wer keinen Knoblauch mag, kann auch die gebutterte Form mit einer Knoblauchzehe ausreiben. So schmeckt es nur nach einem Hauch Knoblauch.

Der letzte Ausflug in die Pilze endete so, dass erst Kurt verschwunden war und dann Norbert, was der Hund von Gertrud ist. Es war eine Aufregung, bis alle wieder am Auto waren! Ich brauchte zwei Schluck Beruhigungskorn. Kaufen Se Pfifferlinge lieber beim Gemüsehändler.

Pfifferlinge

Für 2 Personen

400 Gramm frische Pfifferlinge
1 kleine Zwiebel
2 Scheiben durchwachsener Speck
1 Esslöffel Butter
Salz, Pfeffer
½ Bund Petersilie

- In einer Pfanne die Butter erhitzen und den durchwachsenen Speck auslassen. Die Zwiebel hinzugeben und kurz andünsten.
- Die Pilze nicht waschen, nur verlesen und putzen. Große Pilze gegebenenfalls halbieren.
- In die Pfanne geben und unter ständigem Schwenken etwa 3 Minuten garen.
- Mit fein gehackter Petersilie bestreuen und servieren.

Tipp: Ich muss von Frau Doktor her aufpassen mit Butter, und meist nehme ich beim Kochen und Braten auch Öl oder Margarine. Aber bei Pilzen muss es Butter sein! Man macht das ja nicht jeden Tag, da darf man auch mal sündigen.

Wenn Oma Strelemann wüsste, dass ihr »Gartengemüse« heute »Ratatouille« heißt, na, die würde sich wundern! So was haben wir früher schon gern gegessen, allerdings unter anderem Namen.

Ratatouille

Für 4 Personen

1 Aubergine
1 Zwiebel
4 Knoblauchzehen
2 Zucchini
2 rote Paprikaschoten
2 gelbe Paprikaschoten
2 Esslöffel Olivenöl
1 Dose geschälte Tomaten
100 Gramm Tomatenmark
3 Esslöffel Kräuter, z. B. Thymian, Rosmarin und Salbei
1 Teelöffel Zucker
Salz, Pfeffer

- Die Aubergine waschen, putzen und in mundgerechte Stücke schneiden. Mit Salz bestreuen und 10 Minuten ziehen lassen, dann trocken tupfen.
- Die Zwiebel und den Knoblauch schälen und hacken. Die Zucchini putzen, waschen und würfeln. Paprika halbieren und entkernen, waschen und in grobe Stücke schneiden.
- Das Öl in einem großen Topf erhitzen und Zwiebel, Knoblauch und Zucchini darin anbraten, dann die Paprika und die Aubergine beigeben. Alles 5 Minuten kräftig anbraten.
- Das Tomatenmark unterrühren, mit Salz und Pfeffer würzen. Die geschälten Tomaten mit Kräutern und Zucker hinzufügen.
- Das Ratatouille bei geringer Hitze 20 Minuten köcheln lassen, bei Bedarf etwas Wasser dazugeben. Das Gemüse sollte am Ende der Garzeit noch etwas Biss haben.

Tipp: Ich finde nicht, dass das »nur« eine Beilage zu Fleisch ist. Ratatouille ist so lecker, dass ich es mit einer Scheibe Brot dazu als Hauptgericht reiche.

Wenn Kirsten kommt

Meine Tochter Kirsten isst kein Fleisch. Nicht mal Hühnchen oder Fisch! Es fiel mir erst nicht leicht, für sie zu kochen, aber im Laufe der Zeit habe ich viele leckere Sachen entdeckt und auch von dem Mädel Rezepte gelernt, dass ich selber nur staunen konnte. Ich hätte selbst nicht geglaubt, dass ich mal »Bulgur« essen würde! Und wie lecker schmeckt das! Ich finde auch, es muss nicht jeden Tag Fleisch sein. Wissen Se, der Begriff »Sonntagsbraten« sagt es schon: Wenn man ein-, zweimal in der Woche Fleisch isst, langt das. »Essen hält Leib und Seele zusammen«, sagt eine alte Weisheit. Vielleicht muss man den Spruch mal auf den aktuellen Stand bringen, denn wenn man es übertreibt, hält es den Leib eigentlich nicht zusammen, sondern lässt ihn auseinandergehen. Deshalb ist ein Gemüsetag ab und an gar nicht verkehrt.

112/113

zum Beispiel:

Kartoffelpuffer ⇨ S. 119

Gemüseauflauf ⇨ S. 116

Ofengemüse ⇨ S. 126

Das Rezept habe ich von meiner Tochter Kirsten. Sie hat einen kleinen Hau und trinkt linksdrehendes Mondwasser, aber was sie kocht, das schmeckt. Auch ohne Fleisch! Was das Kochen angeht, hat Kirsten was von Oma Strelemanns Genen mitgekriegt.

Bunte Gemüsepfanne

Für 2 Personen

2 kleine Zucchini
2 Mohrrüben
1 gelbe Paprikaschote
1 rote Paprikaschote
1 Gemüsezwiebel
1 Knoblauchzehe
Thymian
Rosmarin
2 Esslöffel Olivenöl
250 Gramm Kirschtomaten
Salz, Pfeffer
50 Milliliter Gemüsebrühe, z. B. aus → Suppenstock
150 Gramm Schafskäse

- Die Zucchini und Mohrrüben in dicke Scheiben, die entkernten Paprika und die geschälte Zwiebel in breite Streifen schneiden. Die Knoblauchzehe, den Thymian und den Rosmarin fein hacken, die Kirschtomaten halbieren.
- Öl in einer großen Pfanne erhitzen und die Zwiebeln und den Knoblauch glasig dünsten. Die Paprikastreifen und Möhrenscheiben hinzufügen, etwa zwei Minuten mitgaren und dann die Brühe angießen. Zucchini und Kräuter beigeben und weitere zwei Minuten schmoren.
- Zum Schluss die Tomaten unterrühren, kurz durchschwenken und vor dem Servieren den Schafskäse darüber zerbröseln.

Tipp: Wenn von dem Gemüse was übrig bleibt, können Sie es auch ganz prima mit Spaghetti essen. Es ist nach dem Erwärmen nicht mehr so knackig, aber zu Nudeln geht das ganz ausgezeichnet.

Nehmen Se es bei einem Auflauf bitte nicht zu genau mit den Mengen. Es darf ruhig ein bisschen mehr von diesem oder jenem sein. Auflauf ist ein Resteessen, da kommt es wirklich nicht aufs Gramm an. Schon gar nicht beim Käse, mit dem er überbacken wird!

Gemüseauflauf

Für 4 Personen

300 Gramm Kartoffeln
200 Gramm Mohrrüben
200 Gramm Brokkoli
200 Gramm Blumenkohl
200 Gramm Zucchini
½ Stange Lauch
4 Eier
200 Milliliter Sahne
Muskatnuss
Pfeffer, Salz
200 Gramm geriebener Käse
1 Esslöffel Sesam

- Die Kartoffeln schälen, in grobe Stücke schneiden und in Salzwasser etwa 15 Minuten vorgaren.
- Mohrrüben schälen und in Scheiben schneiden, Brokkoli und Blumenkohl waschen und in Röschenteilen, Zucchini und Lauch in Scheiben schneiden. Das Gemüse ebenfalls in Salzwasser etwa 8 bis 10 Minuten vorgaren. Kartoffeln und Gemüse abgießen und in einer Auflaufform mischen.
- Die Eier mit der Sahne verquirlen, mit Schnittlauch, Muskatnuss, Salz und Pfeffer würzen und über den Auflauf gießen. Mit Käse und Sesam bestreuen.
- Den Gemüseauflauf im Backofen bei 180 °C etwa 30 Minuten backen und servieren.

Tipp: Wenn Se zu viel Kohlrabi im Garten haben, können Se den auch reintun!

Kartoffelpuffer erinnern mich immer an Oma Strelemann, wie sie mit ihrer Schürze in der Küche stand und Kartoffeln rieb. Opa mahnte immer, sie solle aufpassen, dass nicht die Fingerkuppen gegen die Reibe kommen. »Wir wollen keine Fleischzugabe in den Puffern«, scherzte er.

Kartoffelpuffer

Für 4 Personen

1 Kilogramm Kartoffeln
1 Zwiebel
2 Eier
½ Teelöffel Salz
3 Esslöffel Mehl
Sonnenblumenöl

- Die geschälten Kartoffeln und die geschälte Zwiebel fein, aber nicht zu fein reiben. Die Masse mit den Eiern, dem Salz und dem Mehl zu einem Teig verrühren.
- In einer Pfanne etwas Sonnenblumenöl sehr heiß werden lassen. Eine Kelle vom Kartoffelteig in das heiße Fett geben und von jeder Seite 5–6 Minuten goldgelb ausbacken.
- Die Kartoffelpuffer kurz auf ein Küchenkrepp legen, damit überschüssiges Fett abtropfen kann, und mit Zucker bestreut sofort servieren.
- Dazu passt Apfelmus.

Tipp: Bei mir gehört zu Kartoffelpuffern unbedingt eine Tasse frisch gebrühter Bohnenkaffee!

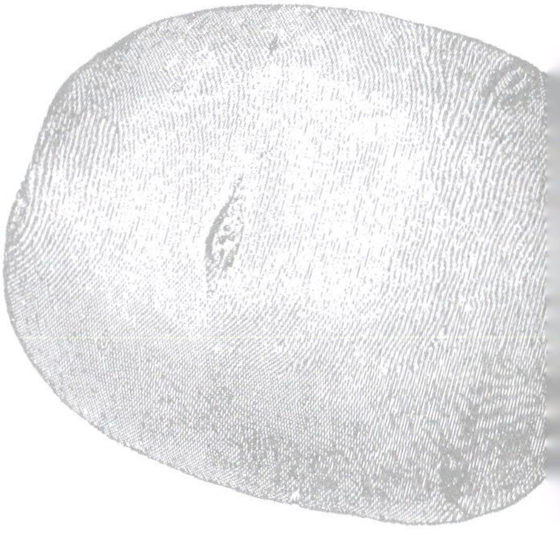

Fermentieren

»Fermentieren«, sagte Ariane, was die Frau von meinem Neffen Stefan ist, »du musst auch was über das Fermentieren schreiben, Tante Renate!« Sie sagt immer *Tante Renate* zu mir. »Ich weiß gar nicht, was das ist«, antwortete ich, aber Ariane zog die Brauen hoch und schimpfte: »Du machst doch das Sauerkraut selbst, und neulich hast du mir auch geholfen, Kimchi zu machen.« – »Ach, das ist Fermentieren?« Sehen Se, ich kann fermentieren, ich wusste es nur nicht!

Sauerkraut

Hierfür ist ein Steintopf mit Deckel und Wasserrand erforderlich (5 Liter).

Für einen 5-Liter-Steintopf

2 Köpfe Weißkohl
20 Gramm Salz pro Kilo Kohl
1 Esslöffel Zucker

- Vom Kohl die äußeren Blätter entfernen, dann vierteln und den Strunk rausschneiden. Auf dem Gemüsehobel in feine Streifen hobeln.

- Den Boden des Tontopfs mit 3–4 der äußeren Blätter auslegen. Als Starthilfe den Zucker darauf geben. Das fein gehobelte Kraut portionsweise in den Topf schichten, mit Salz vermengen und mit den Händen kräftig weich kneten. Das Kraut muss fest in den Gärtopf gestopft werden, sodass keine Luft mehr darin ist, es muss mit der austretenden Flüssigkeit bedeckt sein. Alles mit 3–4 der äußeren Kohlblätter abdecken und mit einem Teller und Steinen beschweren. Dann den Deckel aufsetzen und den Wasserrand befüllen.

- Nach 2–3 Wochen an einem kühlen Ort ist das Sauerkraut fertig.

So richtig schmeckt das Sauerkraut, wenn man es in etwas Gänseschmalz anbrät und mit ½ Teelöffel Kümmel, ½ Teelöffel Wacholderbeeren und einem Teelöffel Suppenstock schmort. Ein Gedicht! Das passt prima zu deftigen Gerichten wie → Kassler (S. 89), Eisbein oder auch Bratwurst.

Kimchi (wie Ariane es macht)

- Den Kohl waschen und in mundgerechte Stücke schneiden. Salzen und etwa zwei Stunden lang ziehen lassen. Mit kaltem Wasser gut abspülen.
- Wasser und Reismehl in einem Topf vermischen und unter ständigem Rühren bei mittlerer Hitze kochen, bis es sich zu einem Brei verdickt. Abkühlen lassen.
- Die Mohrrüben schälen und wie auch die Frühlingszwiebeln in ca. 4 cm lange feine Stifte schneiden.
- Knoblauch, Zwiebeln, Ingwer, Fischsoße und Apfel im Mixer zu einer glatten Masse pürieren. Diese mit den Chiliflocken, Mohrrüben und Frühlingszwiebeln und dem abgekühlten Reisbrei verrühren, dann alles zum Kohl geben und vermengen. Das geht am besten mit den Händen, man sollte aber Einweghandschuhe dabei tragen.
- Das Kimchi in große Schraub- oder Weckgläser füllen. Wichtig ist, dass die Gläser gut gestopft werden. Es dürfen keine Luftblasen im Kimchi sein. Die Gläser nicht ganz voll machen, da sich der Inhalt beim Fermentieren ausdehnt.

Das Kimchi kann sofort gegessen werden, schmeckt aber am besten nach gut zwei Wochen.

Die jungen Leute sind geradezu verrückt danach! Wenn ich süßsauren Kürbis anbiete, machen sie alle lange Zähne, aber seit ich ihn als »Kürbis nach Kimchi-Art« anpreise, wird er gut gegessen.

Für 2–3 große Gläser

1 Kopf Chinakohl
6 Knoblauchzehen
½ Zwiebel
½ Apfel
1 Esslöffel frischer, gehackter Ingwer
2 Mohrrüben
1 Bund Frühlingszwiebeln
3 Esslöffel Fischsoße
3 Esslöffel Salz
1 Esslöffel Chiliflocken
3 Esslöffel Reismehl

Es macht sehr viel Spaß, den Hefekuchen zusammen mit Kindern bunt zu belegen, und wenn Se das Blech auf den Tisch stellen, gibt es verzückte Ahhs! und Ohhhs!, das verspreche ich Ihnen!

Focaccia

Für 1 Blech

300 Gramm Mehl (Typ 405)
1 Teelöffel Salz
1 Teelöffel Zucker
½ Würfel Hefe (oder
½ Päckchen Trockenhefe)
3 Esslöffel Olivenöl
150 Milliliter Wasser
Belag nach Wahl

- Das Mehl mit Zucker und Salz in einer Schüssel vermengen. Die Hefe darüberbröseln, das Wasser und das Olivenöl hinzugeben. Alles zu einem glatten Teig verkneten und zugedeckt 30 Minuten gehen lassen.
- Den Teig nach dem Gehen nochmals durchkneten, auf einem mit Backpapier belegten Backblech ausrollen. Der Fladen sollte etwa 2 cm dick sein. Nochmals etwa 15 Minuten ruhen lassen.
- Den Backofen vorheizen (Umluft 200 Grad, Ober-/Unterhitze 220 Grad).
- Mit den Fingern kleine Mulden in den Teig drücken, mit Olivenöl bestreichen und mit grobem Salz bestreuen. Nach Herzenslust zum Beispiel mit Oliven, Rosmarinzweigen, roten Zwiebelringeln, Paprika, Tomatenscheiben, schwarzem Sesam oder Ähnlichem belegen. Etwa 25 Minuten backen.

Tipp: Wenn Besuch »zum Schwätzchen« vorbeikommt, muss man nicht immer groß kochen. Ein Gläschen Wein zu so einem … Fokkatschi, und Ihre Gäste sind glücklich.

Ein großer Spaß für die Kinder, erst recht, wenn sie – natürlich unter Aufsicht – selbst den Stock halten und am offenen Feuer ihr Brot backen dürfen. Und die Männer sind auch beschäftigt, was meine Se, was die für eine Freude haben, wenn sie Feuer machen können!

Stockbrot

- Das Mehl mit Salz, Zucker und Trockenhefe mischen. Öl und lauwarmes Wasser hinzugeben, alles zunächst zwei Minuten lang mit dem Handrührgerät und später mit den Händen zu einem glatten Teig verkneten. Den Stockbrotteig an einem warmen Ort abgedeckt 45 Minuten gehen lassen.
- Den Teig auf der bemehlten Arbeitsfläche nochmals durchkneten und zu einer Rolle formen. 8 gleichmäßig große Stücke schneiden und jedes Stück zu einer etwa 20 cm langen Wurst formen.
- Den Teig um Weidenstöcke oder auch um Kochlöffel oder Quirle wickeln. Auf dem Grill oder am offenen Feuer etwa 15 Minuten lang backen, dabei häufig drehen und wenden.

Für 4 Personen

400 Gramm Mehl
1 Teelöffel Zucker
1 Päckchen Trockenhefe
2 Teelöffel Salz
3 Esslöffel Öl
230 Milliliter Wasser

Tipp: Dazu kann man eine ganz schnelle Kräuterbutter anrühren, das macht gar keine Mühe, und es gibt auch kein Rezept: Butter, fein gehackte Kräuter, eine zerdrückte Knoblauchzehe und Salz und Pfeffer – das können Se sich doch merken, oder?

Rosmarin und Thymian kann man auch im Kasten ziehen. Das duftet herrlich nach Sommer! Setzen Se die Kräuter zwischen Rosen und Geranien, und Sie haben Ihren kleinen Küchengarten direkt am Fenster.

Ofengemüse

- Die Kartoffeln waschen und halbieren. Porree in Ringe schneiden. Die Mohrrüben schälen und vierteln, dann in etwa 4 cm lange Stücke schneiden. Die Zwiebeln schälen und in Ringe schneiden. Paprikaschoten halbieren, entkernen, waschen, in mundgerechte Stücke schneiden. Zucchini waschen, längs halbieren und in dicke Scheiben schneiden.
- Das Gemüse in einer Schüssel gut mit dem Olivenöl und den Kräuterzweigen vermengen und alles auf einem mit Backpapier belegten Backblech verteilen. Pfeffern und salzen. Im Ofen etwa 40 Minuten backen.
- Die Kirschtomaten waschen und 10 Minuten vor Ende der Backzeit auf das Gemüse geben, fertig garen.

Für 4 Personen

500 Gramm Drillinge oder andere kleine Kartoffeln
3 Mohrrüben
2 rote Zwiebeln
1 rote Paprikaschote
1 gelbe Paprikaschote
2 Zweige frischer Thymian
2 Zweige frischer Rosmarin
200 Gramm Kirschtomaten
Salz, Pfeffer

Tipp: Dazu schmeckt prima ein Kräuterquark. Den müssen Se nicht fertig kaufen, der geht ganz leicht: Sie kaufen einen Becher Quark und rühren etwas Zitronensaft, etwas Olivenöl und eine gute Handvoll gemischte Kräuter unter. Zack, fertig! Sehen Se, das können Sie ganz ohne Rezept!

Man muss die Feste feiern, wie sie fallen

Es gibt immer was zu feiern, und wenn ich Ihnen raten darf: Tun Se's auch! Wie oft sagt man: »Die Feier holen wir noch nach«. In den allermeisten Fällen macht man das doch nicht, weil immer wieder was dazwischenkommt. Nee, so wie die Feste fallen, so müssen sie auch gefeiert werden. Es muss nicht immer großer Staat gemacht werden mit Tafeltüchern, dem Meißener Service und dem Familiensilber. Wenn man mit Freunden und der Familie zusammenkommt, soll es gemütlich sein. Dafür muss etwas auf den Tisch kommen, das man gut vorbereiten kann und bei dem es nicht plötzlich knapp wird, wenn überraschend ein Gast mehr auftaucht.

zum Beispiel:

Kartoffelsalat
⇨ S. 131

Nudelsalat mit Rauke ⇨ S. 132

Erdbeerbowle
⇨ S. 143

Kartoffelsalat ist ja fast eine Glaubenssache: Die einen schwören auf Majonäse, die anderen auf Brühe. Den Salat mit Majonäse vertrage ich nicht gut auf dem Magen, und der mit Brühe ist nicht mein Fall, deshalb bereite ich ihn seit Jahren so zu. Wenn Se genau lesen, werden Se feststellen, dass er sogar wegan ist!

Für 4 Personen

1 Kilo Pellkartoffeln
½ Tasse Gurkensud
50 ml milder Weißweinessig
2 Teelöffel Senf
4 Teelöffel Zucker
1 klein geschnittener Apfel
5 klein geschnittene Gewürzgurken
1 klein gehackte Zwiebel
1 Knoblauchzehe
½ Bund Frühlingszwiebeln

Kartoffelsalat

- Die gekochten und gepellten Kartoffeln abkühlen lassen und in Scheiben schneiden.
- Apfel, Gewürzgurken, Zwiebel, Knoblauchzehe und die Frühlingszwiebeln klein geschnitten dazugeben.
- Alles mit Senf, Zucker, Essig und Gurkenwasser vermengen und mindestens 6 Stunden ziehen lassen.

Tipp: Kartoffelsalat muss unbedingt gut durchziehen, erst dann schmeckt er richtig. Am besten, Sie bereiten ihn schon am Tag vorher zu und bewahren ihn im Kühlschrank auf.

Man kennt das ja: Kaum ist der Grill an, gucken die Nachbarn über die Hecke, der eingeladene Besuch hat noch eine Begleitung im Schlepptau, und plötzlich hat man eine Horde hungriger Mäuler am Tisch. Mit diesem Nudelsalat kriegen Se eine ganze Meute satt.

Nudelsalat mit Rauke

Für 4–6 Personen

500 Gramm Vollkornnudeln
200 Gramm Feta
100 Gramm getrocknete Tomaten
150 Gramm Oliven
100 Gramm Cashew-Kerne
100 Gramm Parmesan
150 Milliliter Olivenöl
100 Milliliter Balsamicoessig
2 Esslöffel Honig
100 Milliliter Wasser
200 Gramm Tomatenmark
Salz, Pfeffer
italienische Kräuter
100 Gramm Rucolasalat

- Die Nudeln kochen, dass sie noch Biss haben, und gut abkühlen lassen. Getrocknete Tomaten, Feta und Oliven klein schneiden und mit den Nudeln in einer großen Schüssel vermengen. Die Cashew-Kerne und den in dünne Scheiben gehobelten Parmesankäse hinzugeben.
- Aus Olivenöl, Balsamicoessig, Wasser, Tomatenmark und Honig ein Dressing rühren, salzen und pfeffern. Vorsicht mit dem Salz, Feta und Parmesan sind bereits sehr würzig! Gehackte frische oder auch getrocknete italienische Kräuter hinzufügen und über die Nudeln und die anderen Zutaten geben, alles gut vermengen und durchziehen lassen.
- Erst kurz vor dem Servieren den gewaschenen und trocken geschleuderten Rucolasalat unterheben.

Tipp: Der Salat schmeckt Jung und Alt. Er ist eine prima Beilage zu Gegrilltem, aber mit einem Stückchen Brot ist er auch eine Hauptspeise.

Man kann die Gurken statt in Scheiben auch in feine Stifte hobeln, dann sind sie leichter verdaulich, und man ... unterhält sich nicht so lange mit dem Salat, wenn Se verstehen, was ich meine.

Gurkensalat

Für 4 Personen

2 Salatgurken
1 Teelöffel Salz
2 Teelöffel Zucker
½ Zitrone
2 Esslöffel Raps- oder Sonnenblumenöl
Pfeffer
½ Bund Dill

- Die Salatgurken nach Geschmack dünn schälen oder mit Schale belassen und in feine Scheiben hobeln. Salz, Zucker, Pfeffer hinzugeben und gut vermengen.
- Die halbe Zitrone auspressen, den Saft mit dem Öl zum Salat geben und mit dem fein geschnittenen Dill verrühren.
- Gut durchziehen lassen.

Tipp: Statt Dill kann man auch frische Petersilie zum Salat geben, das ist Geschmackssache.

Ich nenne das Weißkrautsalat, aber Ariane murmelt immer »Kohlslo«. Diese jungen Leute! Na, mir soll es recht sein, wissen Se, die Hauptsache ist doch, dass es schmeckt.

Für 4 Personen

½ Kopf Weißkohl
2 Möhren
1 kleine Zwiebel
100 Gramm Honig
2 Esslöffel weißer Balsamicoessig
1 Esslöffel Senf
100 Gramm Majonaise
50 Milliliter Buttermilch
½ Bund Petersilie
½ Teelöffel Salz
Pfeffer

Weißkohlsalat

- Die Möhren putzen. Den Weißkohl ohne Strunk und Möhren fein hobeln. Das Salz hinzugeben und mit den Händen kräftig kneten, damit der Kohl weicher wird. Eventuell entstehendes Wasser abgießen.
- Die Zwiebel schälen und fein würfeln, die Petersilie hacken.
- Die restlichen Zutaten zu einem Dressing verrühren. Alles über den Kohl geben und gut durchziehen lassen.

Tipp: Achten Se drauf, dass Sie weißen Essig verwenden. Der braune schmeckt zwar auch, aber der Salat sieht dann etwas schmuddelig und nicht so appetitlich aus.

Flammkuchen ist fast wie Pizza, also Hefekuchen mit Wurst und Käse drauf. Da wollte ich auch lange nicht ran, aber heute schmeckt mir das ganz prima. Man braucht da keinen Spezialofen – auf 250 Grad kriegen Se jedes normale Backrohr vorgeheizt.

Flammkuchen

Ergibt 2–4 Stück

450 Gramm Mehl
4 Esslöffel Olivenöl
2 Eigelb
½ Teelöffel Salz
200 Milliliter Wasser

Belag

200 Gramm saure Sahne
200 Gramm gewürfelter durchwachsener Speck
1 Bund Frühlingszwiebeln

- Das Mehl mit dem Eigelb, dem Salz, Öl und dem lauwarmen Wasser zu einem glatten Teig verkneten. Den Teig in Frischhaltefolie wickeln und bei Zimmertemperatur etwa eine halbe Stunde ruhen lassen.
- Danach den Teig halbieren und zwei dünne Fladen auf mit Backpapier ausgelegten Backblechen ausrollen.
- Der Teig kann nun belegt werden. Für die klassische Variante den Teig mit saurer Sahne bestreichen und den Speck darüberstreuen.
- Bei 250 Grad im vorgeheizten Backofen etwa zehn Minuten backen, bis er bräunt und Blasen wirft. Die geschnittenen Frühlingszwiebeln auf den fertigen Flammkuchen geben und servieren.

Tipp: Experimentieren Sie da ruhig mal! Ganz prima schmeckt Flammkuchen auch mit grünem Spargel, Lachs und Mandelblättchen oder auch nur mit Frühlingszwiebeln und Rucolasalat.

Vorsicht, nehmen Se den Likör nur in kleinen Schlucken zu sich! Ich habe mal mit unsrem Herrn Bürgermeister auf dem Marktplatz angestoßen, der dachte, das wäre harmloses Omi-Schlabberwasser. Er hat dann die Blaskapelle mit einem abgebrochenen Autoscheinwerfer dirigiert und »Rosamunde« gesungen.

Eierlikör

Ergibt 2 Flaschen

1 Eiweiß
10 Eigelb
1 Packung Kondensmilch (7,5 % Fett)
1 Packung gezuckerte Kondensmilch
3 Esslöffel Puderzucker
1 Päckchen Vanillezucker
½ Liter Primasprit (69,9 ‰)

- Alle Zutaten gut verrühren, in Flaschen füllen und gut verschließen.
- An einem kühlen Ort etwa zehn Tage stehen lassen, dabei täglich kräftig durchschütteln.
- Der Eierlikör dickt nach und kann mit etwas Primasprit oder Korn auf die gewünschte Konsistenz gebracht werden.
- Alsbald genießen.

Tipp: In hübsche Flaschen abgefüllt und mit einem persönlich gestalteten Etikett ist das ein liebevolles Mitbringsel und Geschenk.

Vor Jahren kam Stefan mal ganz aufgeregt angelaufen und erzählte was von Superbowle, die nachts im Fernsehen aus Amerika übertragen würde. Die zeigen ja viel Quatsch, aber nun auch schon, wie die Leute Bowle trinken?

Erdbeerbowle

Für 6 Personen

1 Kilogramm Erdbeeren
3 Esslöffel Zucker
1 Flasche Weißwein
1 Flasche Sekt
1 Flasche Sprudel
250 Milliliter Korn
½ Bund frische Minze

- Die Erdbeeren putzen und vierteln, in einem Bowlegefäß einzuckern und mit Korn übergießen.
- Die Minzblätter von den Stängeln zupfen und dazugeben.
- Gut gekühlt mindestens 4 Stunden durchziehen lassen.
- Vor dem Servieren mit Wein, Sekt und Mineralwasser aufgießen.

Tipp: Ich musste mich sehr mäßigen, als ich Ihnen »250 Milliliter Korn« aufgeschrieben habe. Hihihihi! 250 Milliliter! Aber gut, ein Rezept ist ja kein Gesetz.

Für Süßes haben wir einen Extra-Magen

Ich gebe gern zu, dass ich ein Leckermäulchen bin, aber einen Nachtisch gibt es nicht jeden Tag. So weit kommt's noch, dann kriegen wir alle die Hosenknöpfe nicht mehr zu! Aber wenn man ein schönes Festessen hatte, rundet ein leckeres Kompott oder ein Schälchen Pudding das Mahl ab. Und das Beste ist: Man kann den Nachtisch fast immer prima vorbereiten. Er kommt zwar zuletzt auf den Tisch, kann aber als Erstes gekocht werden. Gerade die Leute, die sich erst zieren und »Für mich nichts Süßes!« murmeln, schwärmen hinterher am meisten!

zum Beispiel:

Zitronenspeise
⇨ S. 152

Rote Grütze
⇨ S. 151

Bratäpfel ⇨ S. 159

Wenn Se »Brüllcreme«, wie unsere kleine Lisbeth immer sagt, nach dem Mittagessen servieren, können Se bei Kuchen und Torte für den Nachmittag pro Person ein Stück weniger rechnen.

Crème brûlée

Für 4 Personen

300 Milliliter Schlagsahne
150 Milliliter Milch
4 Esslöffel Zucker
4 Eigelb
2 Teelöffel Vanillezucker

4 weitere Esslöffel Zucker

- Die Sahne und die Milch mit einem Schneebesen verrühren, den Vanillezucker hinzugeben. Mit vier Esslöffeln Zucker und dem Eigelb gut verrühren und mindestens eine Stunde durchziehen lassen.
- Die Masse dann in kleine Auflaufförmchen oder auch Tassen geben und in ein tiefes Backblech stellen. So viel Wasser in das Blech gießen, dass die Formen zu etwa ⅔ im Wasser stehen. Bei 150 Grad eine knappe Stunde im Backofen stocken lassen.
- Die Crème brûlée abkühlen lassen. Auf jede Portion einen Esslöffel Zucker streuen, unter dem vorgeheizten Grill des Backofens karamellisieren lassen.

Tipp: Man muss nicht extra kleine Auflaufförmchen kaufen. Das ist nur noch mehr Quatsch, der rumsteht! Nehmen Se einfach Kaffeetassen, Schälchen oder tiefe Teller, das geht genauso gut.

Meine Freundin Ilse hat seinerzeit bei der Weihnachtsfeier gesagt: »Ich esse nur die Früchte, Renate, gib mir mal nicht so viel vom Rum.« Was soll ich Ihnen sagen? An der Stange hat sie im Bus getanzt danach, an der Stange!

Rumtopf

Für einen großen Steinguttopf

Rum, 54 ‰
Zucker

Mai / Juni

500 Gramm Erdbeeren, Himbeeren

Juni / Juli

500 Gramm Heidelbeeren, Süßkirschen

Juli / August

500 Gramm Aprikosen, Pfirsiche, Sauerkirschen

August / September

500 Gramm Mirabellen, Brombeeren

September / Oktober

500 Gramm Birnen, Pflaumen

- Für einen Rumtopf benötigen Sie einen Steinguttopf mit Deckel, der 5 Liter fasst. Das frische Obst verlesen, waschen und gegebenenfalls in mundgerechte Stücke schneiden. Steinobst entkernen.
- Zu Beginn 500 Gramm Früchte mit 500 Gramm Zucker in den Rumtopf füllen, dann mit so viel Rum aufgießen, dass das Obst vollständig bedeckt ist.
- Im Laufe des Sommers je nach Reife und Verfügbarkeit immer wieder Früchte nachlegen und mit Zucker bestreuen, im Verhältnis zu den Früchten 1:2. Immer wieder mit Rum aufgießen und den Topf gut verschlossen halten.

Tipp: Das Obst aus dem Rumtopf fülle ich in kleine Gläser ab und verschenke es im Advent. Es schmeckt himmlisch zu Vanilleeis oder auch zu Pudding.

Oma Strelemann war berühmt für ihre Rote Grütze, sie musste sie zu jedem Feuerwehrball machen. Es gab immer eine Liste, welche Frau aus dem Dorf was zum Büfett beisteuert, aber bei Oma Strelemann hat das Festkomitee automatisch »Rote Grütze« eingetragen.

Rote Grütze

- Die Beeren waschen und putzen, die Kirschen entsteinen.
- Den Wein oder Kirschsaft mit dem Zucker erhitzen, das Puddingpulver einrühren und aufkochen lassen.
- Die Früchte dazugeben und alles nochmals kurz aufkochen, sofort vom Feuer nehmen.
- Heiß oder abgekühlt servieren.

Für 8 Personen

250 Gramm Sauerkirschen
250 Gramm Erdbeeren
250 Gramm Himbeeren
250 Gramm Johannisbeeren, rot und schwarz gemischt
150 Gramm Zucker
300 Milliliter Rotwein oder Kirschsaft
1 Päckchen Vanillepudding

Tipp: Heiß über Vanilleeis oder kalt mit Vanillesoße – da sagt keiner Nein!

*Zitronenspeise gab es auf jeder Familienfeier als Nachtisch – ob es meine vier Hochzeiten waren, die Konfirmation von Kirsten oder die Beerdigungen meiner Männer.
»Keine Feier ohne Meier« lautet ein Sprichwort, aber ich sage:
»Kein Familienfest ohne Zitronenspeise.«*

Zitronenspeise

Für 4 Personen

3 Eier
4 Esslöffel Zucker
1 Bio-Zitrone
3 Blatt Gelatine

- Die Eier trennen. Das Eigelb mit dem Zucker schaumig rühren.
- Die Zitrone heiß abwaschen, danach das Gelbe der Zitronenschale abreiben und unter die Eier-Zucker-Masse rühren.
- Die Zitrone auspressen und den Saft erwärmen. Anschließend darin die Gelatine auflösen und unterrühren.
- Das Eiweiß steif schlagen und vorsichtig unter die Masse heben. Im Kühlschrank mindestens vier Stunden fest werden lassen.
- Mit Schlagsahne oder Eierlikör servieren.

Tipp: Statt Gelatine können Se auch Lady Gaga ... nee, warten Se ... Agar-Agar nehmen. ½ Teelöffel entspricht drei Blatt Gelatine. Die Vegetarischen können dann auch mitessen und werden es Ihnen danken!

So moderne Speisen haben meine Mutter und Oma Strelemann früher gar nicht gekannt, aber man lernt im Laufe eines Lebens und auf Reisen leckere Sachen kennen. Tiramisu möchte ich jedenfalls nicht mehr missen!

Tiramisu

Für eine große Auflaufform

1 Kilogramm Mascarpone
200 Gramm Puderzucker
400 Gramm Löffelbiskuits
8 Eigelb
4 Eiweiß
6 Tassen abgekühlter, starker Kaffee
4 Esslöffel Amaretto, ggf. alkoholfrei
2 Esslöffel Kakaopulver

- Die Eier trennen. Das Eigelb mit dem Puderzucker in einer großen Schüssel schaumig schlagen. Amaretto und Mascarpone mit dem Schneebesen unterrühren. Das Eiweiß steif schlagen und unter die Masse heben.
- Die Löffelbiskuits kurz in Kaffee tunken und in eine Auflaufform legen. Einen Teil der Eier-Mascarpone-Creme darauf verteilen, dann abwechselnd weitere Schichten einfüllen. Mindestens 4 Stunden im Kühlschrank durchziehen lassen, am besten über Nacht. Kurz vor dem Servieren mit Kakaopulver bestreuen.

Tipp: Alkoholfreier Amaretto – das gibt es wirklich! Ob sie dann bald auch alkoholfreien Korn erfinden? Da muss ich aufpassen, dass Kirsten mir den nicht unterjubelt!

Das Rezept geht genauso wie das für Rote Grütze, nur mit anderen Früchten. Es ist aber so lecker, dass ich es Ihnen nicht vorenthalten wollte!

Grüne Grütze

Für 8 Personen

250 Gramm Stachelbeeren
250 Gramm Rhabarber
250 Gramm Kiwis
250 Gramm Birnen
300 Milliliter Apfelsaft oder Weißwein
150 Gramm Zucker
1 Päckchen Vanillepudding

- Die Stachelbeeren waschen und putzen. Die Birnen schälen, vierteln, das Kerngehäuse entfernen und in mundgerechte Stücke schneiden. Die Kiwi schälen und würfeln, den Rhabarber abziehen und in Stücke schneiden.
- Den Wein oder Apfelsaft mit dem Zucker erhitzen, das Puddingpulver einrühren und aufkochen lassen.
- Die Früchte dazugeben und alles nochmals kurz aufkochen lassen, sofort vom Feuer nehmen.
- Heiß oder abgekühlt servieren.

Tipp: Die Stachelbeeren können ruhig noch fest und grün sein, dann schmecken sie am besten.

Unser Ofen hatte oben ein kleines Gittertürchen, und in die Röhre dahinter schob Oma in der Adventszeit die Bratäpfel. Das ganze Haus duftete danach, und jeder, der einen Bratapfel essen wollte, musste vorher ein Gedicht aufsagen oder ein Lied singen.

Bratäpfel

Für 4 Bratäpfel

4 säuerliche Äpfel
4 Stück Nougatkonfekt
4 Stück Marzipankonfekt
Butter für die Form

- Die Äpfel nicht schälen, lediglich das Kerngehäuse vorsichtig entfernen und mit dem Konfekt füllen.
- Bei 170 Grad in einer ausgebutterten Auflaufform etwa 30 Minuten im Backofen garen.
- Dazu passt → Vanillesoße (S. 54).

Tipp: Machen Se das mal für Ihre Lieben im Advent, und lassen Se sich ein Gedicht aufsagen! Die schönen Rituale zur Weihnachtszeit müssen doch weiterleben.

Aber bitte mit Sahne

Was haben wir früher für wunderbare Feste im Garten gefeiert! Einmal im Jahr, am Wochenende nach der Sonnenwende, wenn die Nächte am kürzesten sind, hat Mutter alle Nachbarn und Freunde eingeladen, und wir feierten den Sommer. Oma kredenzte die herrlichsten Torten, und ihr Käsekuchen war ein Gedicht! Wir hatten einen eigenen Backofen auf dem Hof, und wenn Oma die Bleche mit dem Streuselkuchen rausholte, duftete es so fein, dass wir Kinder vorfreudig um sie herumtanzten. Und wenn die Gäste abends, nach Musik und Tanz, nach Hause gingen, bekamen sie immer einen großen Teller Kuchen mit auf den Weg.

zum Beispiel:

Käsekuchen ⇨ S. 171

Rhabarberkuchen
mit Baiser ⇨ S. 175

Waffeln ⇨ S. 163

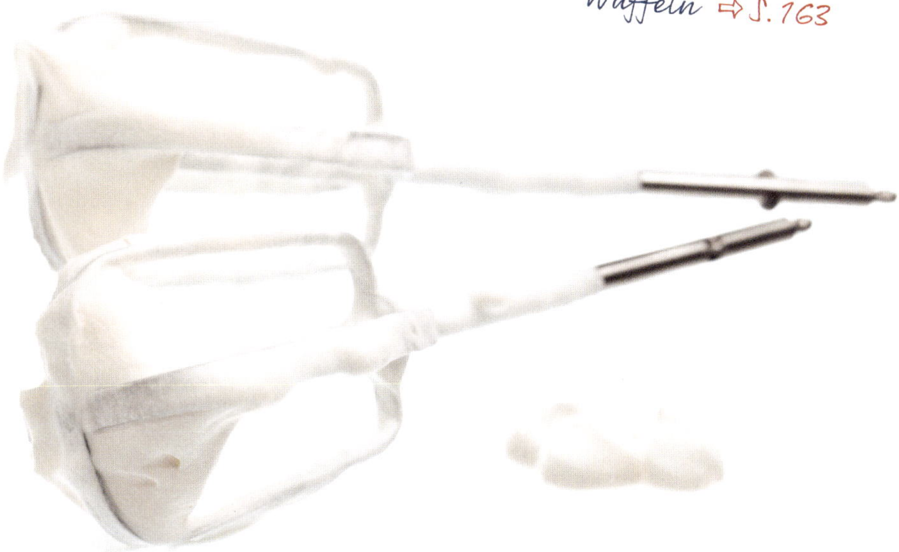

Viele machen den Fehler, einfach Rührteig in das Waffeleisen zu geben. Dann wundern se sich, dass feste, schwere Waffeln dabei rauskommen, die beim Essen im Mund immer mehr werden. Aus diesem sehr flüssigen, feinen Teig erhalten Sie wunderbar weiche, saftige Waffeln!

Waffeln

Ergibt 8–10 Stück

3 Eier
420 Milliliter Milch
125 Gramm Butter
1 Päckchen Vanillezucker
50 Gramm Zucker
1 Teelöffel Backpulver
½ Teelöffel Natron
1 Prise Salz
200 Gramm Mehl

- Die Butter bei milder Hitze zerlassen und mit den Eiern verrühren.
- Mehl, Zucker, Salz, Backpulver und Vanillezucker verrühren, die Butter-Ei-Masse dazugeben und vorsichtig verrühren.
- Den Teig nach Betriebsanleitung des Waffeleisens ausbacken.

Tipp: Waffeln kann man sogar backen, wenn der Besuch schon da ist, so schnell gehen die. Bisschen Puderzucker drüber oder Schokoladencreme – ein Schmaus!

Oft rühre ich gleich die doppelte Menge Teig an und backe zwei Tortenböden, wissen Se. So was kann man immer im Tiefkühler haben. Wenn sich Besuch ankündigt, ist der schnell aufgetaut und mit Obst belegt. Das geht ruck, zuck!

Tortenboden

Für einen Boden

2 Eier
125 Gramm Butter
100 Gramm Zucker
125 Gramm Mehl
1 Päckchen Vanillezucker
1 Teelöffel Backpulver

- Die Eier mit dem Zucker und dem Vanillezucker schaumig schlagen. Die weiche Butter hinzugeben, das Mehl sieben, mit dem Backpulver mischen und unter Rühren beigeben.
- Den Teig in eine ausgefettete Obstkuchen- oder Springform füllen und bei 180 Grad Umluft etwa 15–20 Minuten backen.

Tipp: Besonders fein wird der Tortenboden, wenn man die Hälfte des Mehls durch Speisestärke ersetzt.

Dieser Kuchen ist viel saftiger als der staubige Sandkuchen meiner Freundin Ilse. Den muss man nach ein paar Tagen schon in den Kaffee ditschen, damit man ihn ohne zu husten runterkriegt. Schon Oma Strelemann hat immer gesagt: »Wenn ich dick werde, dann wenigstens von Sachen, die mir schmecken!« Und schmecken tut er, der Marmorkuchen!

Marmorkuchen

Für eine Form

500 Gramm Butter
125 Gramm Puderzucker
1 Päckchen Vanillezucker
50 Milliliter Rum
10 Eier, getrennt
150 Gramm Zucker
50 Gramm Kakaopulver
100 Gramm dunkle Schokolade
600 Gramm Mehl

- Die Butter mit dem Puderzucker aufschlagen. Rum und Vanillezucker hinzufügen, das Eigelb zur Butter geben. Kräftig durchrühren.
- Den Teig halbieren.
- Unter die erste Hälfte die Hälfte des Mehls rühren. Das Eiweiß mit dem Zucker steif schlagen. Die Hälfte des Eiweißes vorsichtig unter den hellen Teig heben.
- Das restliche Mehl mit dem Kakaopulver mischen. Die Schokolade im Wasserbad schmelzen und unter die zweite Teighälfte rühren. Das Mehl-Kakao-Gemisch einrühren und die zweite Hälfte vom Eiweiß unterheben.
- Den hellen Teig in eine ausgebutterte Gugelhupf- oder Napfform geben, den dunklen Teig darauf schichten. Mit einer Gabel vorsichtig vermengen, sodass eine schöne Marmorierung entsteht.
- Bei 160 Grad etwa 50 – 60 Minuten backen.

Tipp: Bestreuen Sie den Kuchen vor dem Servieren noch mit Puderzucker!

Die Torte hat ganz zu Unrecht den Ruf, recht üppig zu sein. Lesen Se doch mal die Zutaten: Kirschen sind Obst, und Obst ist gesund. Und Sahne ist nichts anderes als Milch, und Milch ist auch gesund. Also, guten Appetit!

Schwarzwälder Kirschtorte

Für den Biskuitboden:

6 Eier, getrennt
250 Gramm Zucker
6 Esslöffel heißes Wasser
200 Gramm Mehl
75 Gramm Speisestärke
50 Gramm Kakaopulver
1 Päckchen Backpulver

Für die Füllung und Dekoration:

1 Glas Sauerkirschen
3 Esslöffel Speisestärke
800 Milliliter Schlagsahne
2 Päckchen Sahnesteif
2 Esslöffel Zucker
1 Packung Raspelschokolade
2 Gläschen Kirschwasser

- Das Eigelb mit dem heißen Wasser und dem Zucker zu einer sehr cremigen Masse aufschlagen. Mehl, Stärke, Backpulver und Kakao mischen und auf die Eigelbcreme sieben und verrühren. Eiweiß steif schlagen und vorsichtig unterheben. Den Teig in eine mit Backpapier ausgelegte Springform füllen und bei 180 Grad Umluft etwa 30 Minuten backen. Den Tortenboden auskühlen lassen.
- Die Sauerkirschen abtropfen lassen, dabei den Saft auffangen. Die Stärke mit etwas Kirschsaft anrühren. Den restlichen Saft aufkochen und die angerührte Speisestärke einrühren. Die 16 schönsten Kirschen beiseitelegen, den Rest unter den »Kirschpudding« mengen.
- Den Tortenboden zweimal durchschneiden. Den untersten Boden mit etwas Kirschwasser beträufeln, mit der Kirschmasse überziehen und auskühlen lassen. Die Sahne mit Sahnesteif und Zucker steif schlagen, dünn auf die ausgekühlte Kirschmasse streichen, den nächsten Tortenboden auflegen und leicht andrücken. Wieder mit Kirschwasser beträufeln. Den Boden mit der Hälfte der restlichen Sahne bestreichen, den nächsten Boden aufdrücken.
- Etwa 3 Esslöffel Sahne in einen Spritzbeutel füllen. Die Torte mit der übrigen Sahne mithilfe eines Spatels rundherum verkleiden, mit dem Spritzbeutel 16 Tuffs aufspritzen und mit Kirschen belegen. Die Oberfläche und den Rand mit Raspelschokolade bestreuen.

Tipp: Wenn Kinder mitessen, beträufelt man die Böden natürlich nicht mit Kirschwasser. Das schmeckt auch als Schuss im Kaffee.

Ich habe in meinem Leben viele Käsekuchen probiert: mit Boden, mit Streuseln oder auch mit Schokolade. Diesen hier hat meine Oma Strelemann immer gebacken, und ich habe bis heute keinen besseren gegessen!

Käsekuchen

Für eine Springform

1 Kilogramm Quark (40 %)
3 Eier
120 Gramm Zucker
1 Prise Salz
1 Päckchen Vanillezucker
100 Gramm Mehl

wahlweise:

200 Gramm Heidelbeeren
200 Gramm Himbeeren
200 Gramm Sauerkirschen
250 Gramm Mohnfix

- Den Quark mit den Eiern verrühren, den Zucker, das Salz und den Vanillezucker hinzugeben. Das Mehl dazu sieben und vorsichtig unterrühren.
- Den Teig in eine mit Backpapier ausgekleidete Springform füllen. Wahlweise entweder Heidelbeeren, Himbeeren, Sauerkirschen oder Mohnmischung auf die Quarkmasse geben.
- Den Kuchen bei 160 Grad Umluft eine Stunde backen.

Tipp: Sparen Se hier bloß nicht bei den Kalorien. Nehmen Se keinen Magerquark!

Wenn ich Sachertorte backe, meldet sich Wilma Kuckert sofort zum Besuch an. Die wittert das quer durch Spandau! Aber ich schneide schmale Stücke, da fällt für Wilma immer eins ab.

Sachertorte

Für den Teig

150 Gramm Zartbitter-schokolade
125 Gramm Butter
6 Eier
125 Gramm Puderzucker
100 Gramm Mehl
1 Teelöffel Backpulver

Für die Füllung

4 Esslöffel Rum
250 Gramm Aprikosen-marmelade

Für die Glasur

500 Milliliter Sahne
450 Gramm Zartbitter-schokolade
100 Gramm Butter
250 Gramm Crème double
250 Gramm Zucker
100 Milliliter Wasser

- Für den Teig die Schokolade und die Butter im Wasserbad schmelzen. Eier und Puderzucker verrühren, das mit dem Backpulver vermengte Mehl unterrühren. Die Schokoladen-Butter-Masse vorsichtig darunterheben, alles in eine mit Backpapier ausgelegte Springform füllen und bei 160 Grad Umluft etwa 20 Minuten backen. Auskühlen lassen.
- Für die Glasur die Schokolade grob zerkleinern. Die Sahne mit der Butter erhitzen und die Schokolade darin schmelzen, leicht abkühlen lassen. Den Zucker mit dem Wasser erhitzen, zusammen mit der Crème double unter die Schokolade rühren und alles nochmals aufkochen.
- Den Kuchen zweimal durchschneiden, sodass man drei Böden erhält. Mit der mit Rum verrührten Marmelade bestreichen und zusammensetzen, die Torte auf einem Tortengitter mit der abgekühlten, aber noch flüssigen Glasur überziehen.

Tipp: Der Kuchen ist keine Diät, aber man isst den ja auch nicht alle Tage. Und weil es darauf nun auch nicht mehr ankommt, empfehle ich eine ordentliche Portion Schlagsahne dazu.

Unser Lehrer auf der Volksschule hat jedes Jahr zu seinem Geburtstag von seiner Frau ein Blech Rhabarberkuchen backen lassen. Alle Kinder, die »Rhabarber« richtig schreiben konnten, bekamen ein Stückchen. Was meinen Se, wie das schulte!

Rhabarberkuchen mit Baiser

Für eine Springform

600 Gramm Rhabarber in kleinen Stücken
150 Gramm Mehl
75 Gramm Speisestärke
1 Päckchen Backpulver
150 Gramm Butter
150 Gramm Zucker
1 Päckchen Vanillezucker
2 Eier
3 Eigelb
3 Eiweiß
1 Prise Salz
175 Gramm Zucker
1 Teelöffel Zitronensaft

- Das Mehl mit der Speisestärke und dem Backpulver mischen und sieben. Butter, 150 Gramm Zucker und Vanillezucker schaumig rühren, 3 Eigelb und 2 ganze Eier hinzugeben. Das Mehlgemisch unterrühren und die Masse in eine mit Backpapier ausgelegte Springform geben.
- Die Rhabarberstücke auf dem Teig verteilen, und den Kuchen bei 180 Grad Umluft 40 Minuten lang backen.
- Dann die drei Eiweiß mit dem Salz zu einem festen Eischnee schlagen. Zitronensaft und 175 Gramm Zucker unterrühren. Die Baisermasse auf dem Kuchen verteilen und noch mal 20 Minuten backen.

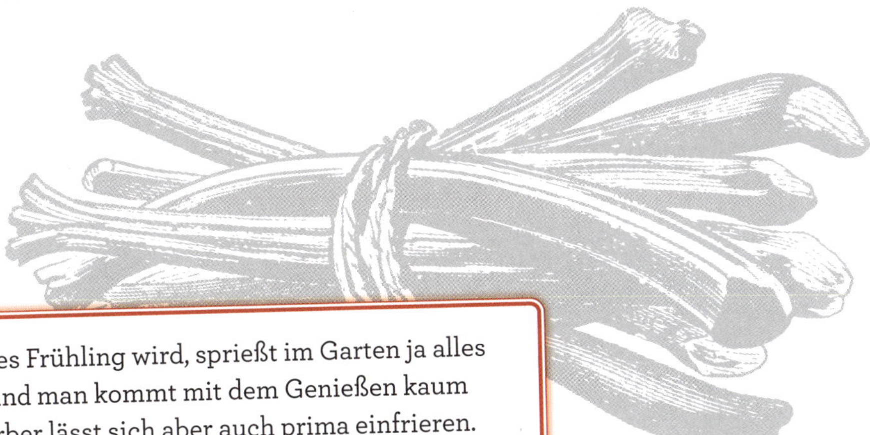

Tipp: Wenn es Frühling wird, sprießt im Garten ja alles auf einmal, und man kommt mit dem Genießen kaum nach. Rhabarber lässt sich aber auch prima einfrieren.

Als ich ein Kind war, wurden wir Ostern in den Wald geschickt, um Moos für die Nester zu sammeln, in die der Osterhase die Überraschungen legte. Mutter gab uns ein paar Stücke Osterzopf mit, damit wir Rast machen konnten. Sie wollte uns zwei Stunden aus dem Haus haben, um heimlich die Eier zu färben, hihi!

Osterzopf

Für einen Zopf

175 Milliliter Milch
500 Gramm Mehl
1 Würfel frische Hefe
100 Gramm Zucker
100 Gramm Butter
1 Päckchen Vanillezucker
abgeriebene Schale von einer Zitrone
100 Gramm Rosinen
1 Eigelb
1 Esslöffel Milch
2 Esslöffel gehobelte Mandeln
2 Esslöffel Hagelzucker

- Die Milch erwärmen. Das Mehl in eine Rührschüssel geben und in die Mitte eine Vertiefung drücken. Hefe hineinbröckeln, 1 Teelöffel vom Zucker und etwas von der lauwarmen Milch hinzugeben. Mit einer Gabel vorsichtig verrühren und diesen Vorteig etwa 15 Minuten bei Zimmertemperatur gehen lassen. Butter in der übrigen warmen Milch zerlassen.
- Vanillezucker, Zitronenschale und die lauwarme Milch-Butter-Mischung zum Hefeansatz geben und alles mit dem Handrührgerät kurz auf niedrigster Stufe verrühren, dann auf höchster Stufe in etwa 5 Minuten zu einem glatten Teig verarbeiten. Nun die Rosinen unterkneten.
- Den Teig zugedeckt an einem warmen Ort so lange gehen lassen, bis er sich deutlich vergrößert hat. Den Teig noch einmal gut durchkneten, in drei gleich große Stücke teilen und jedes Stück zu einem Strang rollen. Die Teigstränge auf das Blech legen und zu einem Zopf flechten. Den Zopf zugedeckt nochmals gehen lassen.
- Eigelb mit Milch verquirlen und den Zopf damit bestreichen. Mit Mandeln und Hagelzucker bestreuen.
- Bei 160 °C Grad Heißluft etwa 30 Minuten backen.

Tipp: Haben Se keine Angst vorm Hefeteig! Er darf nur weder zu warm noch zu kalt stehen, keine Zugluft abbekommen, und man muss ihm Zeit lassen. Dann gelingt er prima.

Kaum ist der August auf der Zielgeraden, fahren die in den Kaufhallen die Paletten mit Lebkuchenherzen und Christstollen auf. Das ist viel zu früh, aber im Oktober backe ich dann auch meinen Stollen.

Christstollen

Für einen Stollen

500 Gramm Mehl
1 Würfel Hefe
250 Milliliter Milch
250 Gramm Butter
abgeriebene Schale von einer Zitrone
1 Päckchen Vanillezucker
1 Teelöffel Zimt
1 Prise gemahlener Kardamom
1 Prise gemahlene Nelken
1 Prise gemahlene Muskatnuss
100 Gramm Zucker
1 Teelöffel Salz
100 Milliliter Rum
250 Gramm Rosinen
100 Gramm Korinthen
50 Gramm Zitronat
50 Gramm Orangeat
weitere 50 Gramm Butter
Puderzucker

- Die Korinthen, Rosinen, das Zitronat und Orangeat mit dem Rum vermischen. Für zwei Tage im Kühlschrank stehen lassen, zwischendurch umrühren.
- Zum Backen das Mehl in eine große Schüssel sieben, in der Mitte eine Mulde eindrücken, den Zucker, das Salz, die Gewürze und die Butter in kleinen Flöckchen um die Mulde herum verteilen. Die Hefe in etwas lauwarmer Milch auflösen und in die Mulde gießen. Die Schüssel abdecken und den Vorteig an einem warmen Ort etwa 15 Minuten gehen lassen. Die in Rum eingeweichten Früchte in einem Sieb abtropfen lassen. Restliche Milch zum Vorteig geben und mit den Händen zu einem geschmeidigen Teig kneten.
- Zitronenschale, Mandeln und Rumfrüchte zum Teig geben und verkneten. Den Teig dünn mit Mehl bestäuben und abgedeckt an einem warmen Ort weitere 2 Stunden gehen lassen, bis er sich etwa verdoppelt hat.
- Ein Blech mit Backpapier belegen, Teig nochmals kneten und dann zu einem Stollen formen. Den Ofen auf 175 °C Ober- und Unterhitze vorheizen und den Stollen eine gute Stunde backen.
- Ca. 50 Gramm Butter schmelzen, den Stollen damit einpinseln und mit Zucker bestreuen. Gut auskühlen lassen. Den Stollen erst jetzt dick mit Puderzucker bestäuben und in einer gut abgedichteten Dose mindestens zwei Wochen durchziehen lassen.

Tipp: Ein Stollen macht viel Arbeit, deshalb lohnt es sich, gleich die doppelte Menge zuzubereiten. Formen Se aus der zweiten Hälfte kleine Stollenplätzchen, die werden immer gern genascht! Natürlich ist die Backzeit kürzer, die sind schon nach einer Viertelstunde gut.

Register

A

Alkohol
- Eierlikör 140
- Erdbeerbowle 143
- Rumtopf 148
- Sachertorte 172
- Schwarzwälder Kirschtorte 168
- Tiramisu 155

Ananas
- Toast Hawaii 26

Äpfel
- Bratäpfel 159
- Gänsebraten 70
- Kartoffelsalat 131

Apfelmus
- Kaiserschmarrn 64
- Kartoffelpuffer 119
- Milchreis 60
- Rotkohl 93

Aprikosen
- Rumtopf 148

Auberginen
- Ratatouille 110

B

Backfisch 13
- Seelachsfilet 13

Bauernfrühstück 17

Birnen
- Birnenmarmelade mit Chili 59
- Grüne Grütze 156
- Rumtopf 148

Blumenkohl
- Gemüseauflauf 116

Bohnen
- Eintopf aus grünen Bohnen 36

Bratäpfel 159

Bratkartoffeln 101

Brokkoli
- Gemüseauflauf 116
- Hähnchenpfanne 14

Brombeeren
- Rumtopf 148

Brot/Brötchen
- Brotsalat mit Tomaten 18
- Falscher Hase 77
- Focaccia 122
- Käse-Hackfleisch-Lauch-Suppe 43
- Kohlrouladen 85
- Königsberger Klopse 69
- Ratatouille 110
- Serviettenknödel 94
- Stockbrot 125
- Toast Hawaii 26

Brotsalat mit Tomaten 18
Bulgur
  Gefüllte Paprikaschoten 73
Bunte Gemüsepfanne 115

C

Cashewkerne
  Nudelsalat mit Rauke 132
Champignons
  Hühnerfrikassee 86
Chili
  Birnenmarmelade mit Chili 59
  Kimchi 121
Chinakohl
  Kimchi 121
Christstollen 179
Crème brûlée 147

D

Dampfnudeln 53
Deftige Erbsensuppe 32

E

Eier
  Bauernfrühstück 17
  Crème brûlée 147
  Dampfnudeln 53
  Eier in Senfsoße 21
  Eierlikör 140
  Falscher Hase 77
  Frische Nudeln 102
  Gefüllte Paprikaschoten 73
  Gemüseauflauf 116
  Grießbrei 57
  Grießklößchen 47
  Kaiserschmarrn 64
  Kartoffelpuffer 119
  Käsekuchen 171
  Kohlrouladen 85
  Marmorkuchen 167
  Pfannkuchen 22
  Rhabarberkuchen mit Baiser 175
  Sachertorte 172
  Schnitzel mit Petersilienkartoffeln 78
  Schwarzwälder Kirschtorte 168
  Serviettenknödel 94
  Spinat mit Spiegelei 25
  Tiramisu 155
  Tortenboden 164
  Vanillesoße 54
  Waffeln 163
  Zitronenspeise 152
Eier in Senfsoße 21
Eierlikör 140
Eintopf aus grünen Bohnen 36
Erbsen
  Deftige Erbsensuppe 32
  Hühnerfrikassee 86
Erdbeerbowle 143
Erdbeeren
  Erdbeerbowle 143
  Erdbeermarmelade 59
  Rote Grütze 151
  Rumtopf 148

F

- Falscher Hase 77
- Fermentieren 120
- Feta/Schafskäse
  - Bunte Gemüsepfanne 115
  - Nudelsalat mit Rauke 132
- Fisch
  - Backfisch 13
  - Forelle »Müllerin« 82
- Flammkuchen 139
- Focaccia 122
- Forelle »Müllerin« 82
- Frische Nudeln 102

G

- Gans
  - Gänsebraten 70
  - Grünkohl 97
  - Rotkohl 93
- Gänsebraten 70
- Gefüllte Paprikaschoten 73
- Gemüseauflauf 116
- Geschenk
  - Eierlikör 140
  - Rumtopf 148
- Glasierte Mohrrüben 105
- Grieß
  - Grießbrei 57
  - Grießklößchen 47
- Grüne Grütze 156
- Grünkohl 97

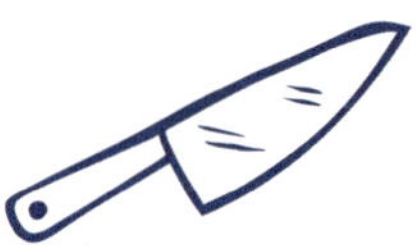

- Gulasch 81
  - Soljanka 35
- Gurken
  - Gurkensalat 135

H

- Hackfleisch
  - Falscher Hase 77
  - Gefüllte Paprikaschoten 73
  - Hühnerfrikassee 86
  - Käse-Hackfleisch-Lauch-Suppe 43
  - Kohlrouladen 85
  - Königsberger Klopse 69
- Hähnchenpfanne 14
- Hefeteig
  - Christstollen 179
  - Dampfnudeln 53
  - Flammkuchen 139
  - Focaccia 122
  - Osterzopf 176
  - Stockbrot 125
- Heidelbeeren
  - Käsekuchen 171
  - Rumtopf 148
- Himbeeren
  - Himbeer-Rhabarber-Marmelade 59
  - Käsekuchen 171
  - Rote Grütze 151
  - Rumtopf 148
- Hühnerfleisch
  - Hähnchenpfanne 14
  - Hühnerfrikassee 86
  - Hühnersuppe 44
  - Zitronenhähnchen 74
- Hühnerfrikassee 86
- Hühnersuppe 44

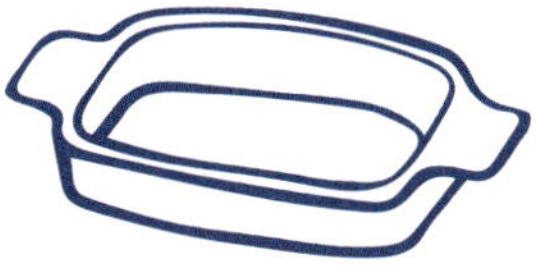

I

Ingwer
- Kimchi 121
- Kürbissuppe 40

J

Johannisbeeren
- Rote Grütze 151

K

Kaiserschmarrn 64
Kalbfleisch
- Königsberger Klopse 69
- Schnitzel mit Petersilienkartoffeln 78

Kapern
- Hühnerfrikassee 86
- Königsberger Klopse 69

Kartoffelauflauf 106
Kartoffeln
- Bauernfrühstück 17
- Bratkartoffeln 101
- Deftige Erbsensuppe 32
- Eintopf aus grünen Bohnen 36
- Falscher Hase 77
- Forelle »Müllerin« 82
- Gemüseauflauf 116
- Gulasch 81
- Kartoffelauflauf 106
- Kartoffelpuffer 119
- Kartoffelsalat 131
- Kasslerbraten 89
- Königsberger Klopse 69
- Linsensuppe 39
- Mohrrübeneintopf 48
- Ofengemüse 126
- Schnitzel mit Petersilienkartoffeln 78
- Spinat mit Spiegelei 25
- Zitronenhähnchen 74

Kartoffelpuffer 119
Kartoffelsalat 131
Käse
- Gemüseauflauf 116
- Käse-Hackfleisch-Lauch-Suppe 43
- Toast Hawaii 26

Käse-Hackfleisch-Lauch-Suppe 43
Käsekuchen 171
Kassler
- Kasslerbraten 89
- Linsensuppe 39

Kimchi 121
Kirschen
- Käsekuchen 171
- Kirschsuppe 63
- Rote Grütze 151
- Rumtopf 148
- Schwarzwälder Kirschtorte 168

Kirschsuppe 63
Kiwis
- Grüne Grütze 156

Kohlrabi
- Gemüseauflauf 116

Kohlrouladen 85
Königsberger Klopse 69

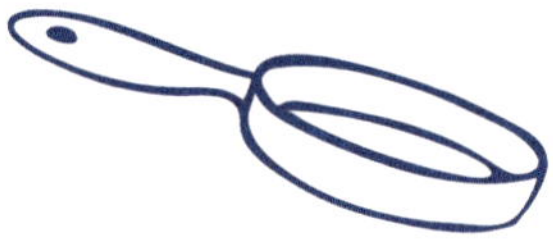

Kräuter
- Bunte Gemüsepfanne 115
- Forelle »Müllerin« 82
- Gurkensalat 135
- Nudelsalat mit Rauke 132
- Ofengemüse 126
- Ratatouille 110
- Suppenstock 31

Kürbis
- Kimchi 121
- Kürbissuppe 40

L

Lammfleisch
- Königsberger Klopse 69

Linsen
- Linsensuppe 39

M

Marmelade 58

Marmorkuchen 167

Mascarpone
- Tiramisu 155

Milchreis 60

Mirabellen
- Kirschsuppe 63
- Rumtopf 148

Mohn
- Käsekuchen 171

Möhren
- Bunte Gemüsepfanne 115
- Deftige Erbsensuppe 32
- Gemüseauflauf 116
- Glasierte Mohrrüben 105
- Hähnchenpfanne 14
- Hühnersuppe 44
- Kimchi 121
- Mohrrübeneintopf 48
- Ofengemüse 126
- Suppenstock 31
- Weißkohlsalat 136

N

Nudeln
- Bunte Gemüsepfanne 115
- Frische Nudeln 102
- Gulasch 81
- Hühnersuppe 44
- Nudelsalat mit Rauke 132

O

Obst
- Grießbrei 57
- Kaiserschmarrn 64
- Marmelade kochen 58
- Rumtopf 148

Ofengemüse 126

Oliven
- Nudelsalat mit Rauke 132

Osterzopf 176

P

Paprika
- Bunte Gemüsepfanne 115
- Ofengemüse 126
- Ratatouille 110
- Soljanka 35

Petersilie
- Brotsalat mit Tomaten 18
- Deftige Erbsensuppe 32
- Glasierte Mohrrüben 105
- Hühnersuppe 44
- Königsberger Klopse 69
- Mohrrübeneintopf 48
- Pfifferlinge 109
- Schnitzel mit Petersilienkartoffeln 78
- Serviettenknödel 94
- Suppenstock 31
- Weißkohlsalat 136

Pfannkuchen 22

Pfifferlinge 109

Pfirsische
- Rumtopf 148

Pflaumen
- Rumtopf 148

Porree
- Deftige Erbsensuppe 32
- Gemüseauflauf 116
- Hühnersuppe 44
- Käse-Hackfleisch-Lauch-Suppe 43
- Suppenstock 31

Q

Quark
- Käsekuchen 171

R

Rahmwirsing 98

Ratatouille 110

Reis
- Gefüllte Paprikaschoten 73
- Milchreis 60

Resteverwertung
- Brotsalat mit Tomaten 18
- Gemüseauflauf 116

Rhabarber
- Grüne Grütze 156
- Himbeer-Rhabarber-Marmelade 59
- Rhabarberkuchen mit Baiser 175

Rindfleisch
- Gulasch 81

Rote Grütze 151

Rotkohl 93
- Gulasch 81

Rucola
- Nudelsalat mit Rauke 132

Rum
- Christstollen 179
- Marmorkuchen 167
- Rumtopf 148
- Sachertorte 172

Rumtopf 148

S

Sachertorte 172
Sardellen
  Königsberger Klopse 69
Sauerkraut 120
Schinken
  Toast Hawaii 26
Schnitzel mit Petersilienkartoffeln 78
Schokolade
  Marmorkuchen 167
  Sachertorte 172
  Schwarzwälder Kirschtorte 168
Schwarzwälder Kirschtorte 168
Schweinefleisch
  Schnitzel mit Petersilienkartoffeln 78
Sellerie
  Deftige Erbsensuppe 32
  Hühnersuppe 44
  Suppenstock 31
Serviettenknödel 94
Soja
  Käse-Hackfleisch-Lauch-Suppe 43
Soljanka 35
Soße
  Vanillesoße 54

Spargel
  Hähnchenpfanne 14
  Hühnerfrikassee 86
Speck
  Bratkartoffeln 101
  Deftige Erbsensuppe 32
  Flammkuchen 139
  Gulasch 81
  Königsberger Klopse 69
  Pfannkuchen 22
  Pfifferlinge 109
  Rahmwirsing 98
Spinat mit Spiegelei 25
Stachelbeeren
  Grüne Grütze 156
Stockbrot 125
Suppe
  Deftige Erbsensuppe 32
  Eintopf aus grünen Bohnen 36
  Erbseneintopf 32
  Grießklößchen 47
  Hühnersuppe 44
  Käse-Hackfleisch-Lauch-Suppe 43
  Kürbissuppe 40
  Linsensuppe 39
  Mohrrübeneintopf 48
  Soljanka 35
  Suppenbasis 31
  Suppenstock 31

T

Tiramisu 155
Toast Hawaii 26
Tofu
  Rahmwirsing 98
Tomaten
  Brotsalat mit Tomaten 18
  Bunte Gemüsepfanne 115
  Frische Nudeln 102
  Hähnchenpfanne 14
  Nudelsalat mit Rauke 132
  Ofengemüse 126
  Ratatouille 110
Tortenboden 164

V

Vanille
  Marmelade kochen 58
  Vanillesoße 54
Vegan
  Focaccia 122
  Grüne Grütze 156
  Gurkensalat 135
  Kartoffelsalat 131
  Ofengemüse 126
  Ratatouille 110
  Rote Grütze 151
  Rumtopf 148
  Sauerkraut 120
  Stockbrot 125
  Zitronenspeise 152
Vegetarisch
  Bauernfrühstück 17
  Bratäpfel 159
  Brotsalat mit Tomaten 18
  Bunte Gemüsepfanne 115
  Crème brûlée 147
  Dampfnudeln 53
  Eier in Senfsoße 21
  Eintopf aus grünen Bohnen 36
  Focaccia 122
  Frische Nudeln 102
  Gemüseauflauf 116
  Glasierte Mohrrüben 105
  Grießbrei 57
  Grießklößchen 47
  Grüne Grütze 156
  Gurkensalat 135
  Kaiserschmarrn 64
  Kartoffelauflauf 106
  Kartoffelpuffer 119
  Kartoffelsalat 131
  Kirschsuppe 63
  Kürbissuppe 40
  Milchreis 60
  Nudelsalat mit Rauke 132
  Ofengemüse 126
  Pfannkuchen 22
  Rahmwirsing 98
  Ratatouille 110
  Rote Grütze 151
  Rumtopf 148
  Sauerkraut 120
  Serviettenknödel 94
  Spinat mit Spiegelei 25
  Stockbrot 125
  Waffeln 163
  Weißkohlsalat 136
  Zitronenspeise 152

W

Waffeln 163
Weißkohl
Sauerkraut 120
Weißkohlsalat 136
Wirsing
Kohlrouladen 85
Rahmwirsing 98
Würstchen
Deftige Erbsensuppe 32
Grünkohl 97
Mohrrübeneintopf 48
Soljanka 35

Z

Zimt
Milchreis 60
Rotkohl 93
Zitronen
Zitronenhähnchen 74
Zitronenspeise 152
Zucchini
Bunte Gemüsepfanne 115
Gemüseauflauf 116
Ratatouille 110
Zwiebel
Hühnersuppe 44
Käse-Hackfleisch-Lauch-Suppe 43
Zwiebeln
Bratkartoffeln 101
Bunte Gemüsepfanne 115
Deftige Erbsensuppe 32
Eintopf aus grünen Bohnen 36
Falscher Hase 77
Flammkuchen 139
Gänsebraten 70
Gefüllte Paprikaschoten 73
Grünkohl 97
Gulasch 81
Hühnerfrikassee 86
Kartoffelpuffer 119
Kartoffelsalat 131
Kasslerbraten 89
Kimchi 121
Kohlrouladen 85
Königsberger Klopse 69
Kürbissuppe 40
Mohrrübeneintopf 48
Ofengemüse 126
Pfannkuchen 22
Pfifferlinge 109
Rahmwirsing 98
Ratatouille 110
Serviettenknödel 94
Suppenstock 31
Weißkohlsalat 136

Bildnachweise

Adobe:
© Adobe/michaklootwijk 5, 6, 91; © Adobe/Alexander Raths 6, 129; © Adobe/Paulista 6, 113; © Adobe/Louis Renaud 7, 145; © Adobe/Unpict 7, 161; © Adobe/Coprid 26; © Adobe/Jeanette Dietl 29; © Adobe/tunaco 35; © Adobe/Yantra 37; © Adobe/Hein Nouwens 40; © Adobe/Ekaterina 63; © Adobe/Foodlovers 67, 79; © Adobe/MissesJones 67, 68; © Adobe/Xuejun li 82; © Adobe/New Africa 93; © Adobe/Natis 93; © Adobe/Morphart 94, 175; © Adobe/Emuck 97; © Adobe/Manfredxy 98; © Adobe/Benjaminpx 101; © Adobe/Sanja 105, 117; © Adobe/Maria.Epine 109; © Adobe/Mara Zemgaliete 115, 122, 126; © Adobe/MoreVector 119, 131; © Adobe/Ildi 120; © Adobe/rdnzl 121; © Adobe/ Akhmed 125; © Adobe/grey 135; © Adobe/preto_perola 135; © Adobe/Seralex 143; © Adobe/Nikolaj Grigorev 143; © Adobe/travelbook 145, 153; © Adobe/Bitter 151; © Adobe/Dule964 155; © Adobe/baibaz 156; © Adobe/Gresei 156; © Adobe/channarongsds 159; © Adobe/wsf-f 163; © Adobe/Thomas Reimer 164; © Adobe/a_m_radul 171; © Adobe/azure 179; Vignetten © Adobe/Lida

iStock:
© gaffera 24; © Olga Mazyarkina 75; © vicuschka 96; © Vangelis Vassalakis 164;

Rawpixel
13, 23

Shutterstock
53, 89

Canstockphoto
63

Dreamstime:
© Aninna847 60

pixabay:
© Gordon Johnson 44; © Biohof 58; © Bernd 59; © Rob Owen-Wahl 59; © Alexa 59; © rachel1754 59; © lebensmittelfotos 64; © Gordon; Johnson 77

Creative Commons:
© Rainer Zenz 69; © Andy King50 58, 120

Torsten Rohde:
16, 100, 133

Axel Raidt:
4, 11

Stockfood:
© Schindler, Martina 5, 51; © Beisch, Leigh 5; © Eising Studio – Food Photo & Video 11, 13, 20, 36, 46, 49, 99, 111, 152; © Studio Schiermann 11, 27; © Kensett, Mark 12; © Westermann, Jan-Peter 15; © für ZS Verlag/Kramp + Gölling 19, 161, 162; © Gross, Petr 21, 31, 178; © Hoersch, Julia 29, 33; © Benjamins, Sven 29, 45, 51, 56; © Gräfe & Unzer Verlag/Walsh, Nicky 30; © Castilho, Rua 34; © The Picture Pantry 41; © Gräfe & Unzer Verlag/Einwanger, Klaus-Maria 42; © Newedel, Karl 47; © Westermann, Jan-Peter 51, 62, 145, 150; © Eising Studio 51, 61; © Leser, Nicolas 52; © PhotoCuisine/Studio 54; © Perrin, Frédéric 55; © Rosenfeld, Christel 60; © für ZS Verlag/Westermann, Jan-Peter 65; © Erricson, Colin 67, 72; © Profimedia 71, 80, 141; © Are Media 76; © Jalag/Renner, Volker 83; © Brauner, Michael 84; © Kirchherr, Jo 87; © Buroh, Nikolai 88; © Morgans, Gareth 91, 92; © Thomas, Mark 91, 104; © Foodcollection 91, 95; © Studio R. Schmitz 103; © Gregson, Jonathan 107; © Newman, Rita 108; © Gräfe & Unzer Verlag/Fotos mit Geschmack 114; © Urban, Martina 117; © Braun, Jennifer 118; © für ZS Verlag/Skowronek/Schmid 123; © Gräfe & Unzer Verlag 124; © Schollmeyer, Sebastian 127; © Studio Lipov 129, 130; © van Tonder, Hein 129, 142; © Westermann & Buroh Studios 137; © Chatelain, Sonia 138; © Holsten, Ulrike 145, 158; © Koeb, Ulrike 146; © Lutterbeck, Barbara 149; © della Corte, Paolo 154; © Bender, Uwe 157; © Garbinska, Bozena 161, 174; © Grand, Michael 161, 170; © Gräfe & Unzer Verlag/Neubauer, Mathias 165; © Sporrer/Skowronek 166, 173; © Timmann, Claudia 169; © Wissing, Michael 177

Impressum

Wir verpflichten uns zu Nachhaltigkeit

- Klimaneutrales Produkt
- Papiere aus nachhaltiger Waldwirtschaft und anderen kontrollierten Quellen
- ullstein.de/nachhaltigkeit

List ist ein Verlag
der Ullstein Buchverlage GmbH
www.ullstein.de

ISBN: 978-3-471-36048-4

2. Auflage 2022

Umschlaggestaltung: ZERO MEDIA GmbH – Simone Mellar, München
Titelabbildung: © Rudi Hurzlmeier
Buchgestaltung und Layout: Axel Raidt, Berlin
Satz und Litho: Red Cape Production, Berlin
Gesetzt aus der Archer, der Adlery, der Rollerscript rough und der Vialog

FSC www.fsc.org
MIX
Papier aus verantwortungsvollen Quellen
FSC® C002795

Druck und Bindearbeiten: SIA Livonia Print, Riga